ケアマネ
1年生

はじめての
ケアプラン

中野 穣 著

中央法規

はじめに

　ケアプランは誰のものでしょう？
　そう尋ねると、ほとんどのケアマネジャーは「利用者のもの」と答えます。
　ですが、残念ながら現実には、そのように感じられないケアプランを多く見かけます。

　利用者や家族がケアプランに目を通したとき、「あ、このケアマネさん、私のことをわかってくれている」
「母のことを大切に思ってくれている」
「ちょっとがんばってみるか」
「これくらいならできるかも」
　そんなふうに思っていただけるケアプランを作りたいものです。

　ケアプランは利用者の人生の"応援歌"です。
　最高の作詞家、作曲家をめざして、
　ともに成長していきましょう！

著者

本書の使い方

いつもカバンや引き出しに

　本書はいつもカバンや引き出しに入れておいていただきたいと思います。訪問の直前に「チェックリスト」でおさらいをする。どうすればよかったっけ？　何だか混乱してきた……といったときに、さっと取り出して「解説」を読む。そういった使い方ができます。実務に活かせるようにポイントを絞って具体的に内容を整理しています。ケアマネジャーの一番近いところに置いてほしいという願いを込めて書き上げました。

アセスメント訪問の前に

　アセスメント訪問のときに、何に注意し、何を確認しなければならないかを訪問の流れに沿って整理しています。実務に慣れないうちは、訪問の前に繰り返しチェックするといった使い方も可能です。

アセスメント情報の整理時に

　持ち帰った情報の整理やニーズの導きだし方について、実務に落とし込みやすいように解説しています。アセスメント情報の整理や分析をするときに、「チェックリスト」で項目を確認したり、「解説」を読んで考え方の整理や見直しをすることができます。

ケアプラン作成時に

　利用者に適切なサービスを過不足なく提供するためには、かかわる多職種がニーズや目標を共通理解している必要があります。

そのために不可欠なツールがケアプランです。ニーズの導きだし方、目標設定のしかた、サービス内容の組み立て方などについて、本書を参考にケアプランを立案することができます。また、作成したケアプランの適切さをチェックすることもできます。

自信を持ってケアプランの説明ができる

　本書の最大の特徴は、ケアマネジャーとして実務に当たり、ケアプランの立案をしてきた経験値からしかわからないケアプラン立案の"壁"を整理することによって、そこからケアプラン立案の"キモ"を具体的に解説していることです。実務のなかで抱きがちな漠然とした疑問を、「ああ、こういうふうに考えるんだ！」と明確にし、読者がケアプラン立案のプロセスを頭の中で整理できるようになることを目的としています。利用者・家族や他職種に対して自信を持ってケアプランの説明をすることができるようになっていただきたいと思います。

チェックリスト

　前半のチェックリストは、アセスメントとケアプランの立案のために理解しておきたい内容をひととおりカバーしています。一目で確認しやすいように工夫しています。

解説

　後半の解説では、チェックリストにあげたポイントのもとになる考え方や実務の実際を理論や事例にもとづいて説明しています。チェックポイントの内容を深く理解するためにも、ぜひ目を通していただきたいと思います。

Contents

ケアプランってなに？ ———— 6

I チェックリスト

1. 訪問前の準備 ———————— 12
2. 訪問中の留意事項 ——————— 14
3. アセスメント①—利用者の"思い"— 16
4. アセスメント②—健康（病気）—— 18
5. アセスメント③—精神機能・
　　身体機能と体（構造）———— 20
6. アセスメント④—活動（ADL・IADL）— 24
7. アセスメント⑤—役割（参加）—— 26
8. アセスメント⑥—個性 ————— 28
9. アセスメント⑦—環境 ————— 30
10. ニーズを導きだす ——————— 32
11. ケアプラン作成の基本的考え方 — 38
12. ケアプラン立案の実際①—第1表 — 42
13. ケアプラン立案の実際②—第2表 — 46
14. ケアプラン立案の実際③—第3表 — 50
15. ケアプラン見直しの視点 ———— 52

II 解説

1. 訪問前の準備 —————— 56
2. 訪問中の留意事項 ————— 58
3. アセスメント①ー利用者の"思い"— 60
4. アセスメント②ー健康（病気）—— 64
5. アセスメント③ー精神機能・
   身体機能と体（構造）———— 66
6. アセスメント④ー活動（ADL・IADL）— 70
7. アセスメント⑤ー役割（参加）—— 74
8. アセスメント⑥ー個性 ———— 76
9. アセスメント⑦ー環境 ———— 78
10. ニーズを導きだす ————— 80
11. ケアプラン作成の基本的考え方 — 84
12. ケアプラン立案の実際①ー第1表 — 92
13. ケアプラン立案の実際②ー第2表 —102
14. ケアプラン立案の実際③ー第3表 —120
15. ケアプラン見直しの視点 ———122
    COLUMN 支え、支えられる ———126

III ケアプラン作成の実際 —129

ケアプランってなに？

ケアプランは"共通のことば"

　ケアプランはケアマネジメントという利用者支援のプロセスのなかで重要な役割を果たします。ケアマネジメントの最大の特徴は、専門職が1対1で利用者を支えるのではなく、たくさんの人々で支えることにあります。ケアマネジャーの仕事は、多くの人から構成される支援チームをマネジメントすることですが、いくらケアマネジャーが優秀で、利用者のことを深く理解できていたとしても、他の支え手が利用者のことを理解できていなければ、統一したケアを行うことはできません。そこで重要になってくるのがケアプランなのです。

　ケアプランとは、"利用者理解のための共通のことば"であり、"利用者の自立を支えるための共通のことば"です。

　支援チームの全員が利用者のことを共通理解するためには、利用者の生活が誰の目にも同じように見える必要があります。そのためのプロセスがアセスメントです。アセスメントから導き出されたニーズと目標をもとに、利用者がどのように自立し、周囲の人々がどのように支えていくのかを同じように理解するためのツールがケアプランなのです。

「心のQOL」と「見えるQOL」

　ケアプラン作成の前提となる「利用者を理解する」ということについて、QOL（Quality of life）の観点から考えてみます。QOLは「生活の質」「生命の質」と訳されます。

　QOLを考える上でおさえておきたいポイントは「心の（主観的）QOL」と「見える（客観的）QOL」です。「心のQOL」とは、"利用者が自分自身や家族、または現在の生活等についてどう感じ、何を思っているのか"ということです。ことばの通り、"心の中の世界（主観的現実世界）の質"ですから、目で見ることはできません。心のQOLを理解するには、自分自身のことを"自分のことばで語ってもらう"しかないのです。

　もう一方の「見えるQOL」は、利用者の生活が周囲の人からどのように見えているかということです。「見えるQOL」はアセスメントで得られたさまざまな情報を整理することで見えてきます。

心のQOL（主観的QOL）のとらえ方

　利用者を理解するためには、利用者の"語り"に耳を傾ける必要があります。つまり"利用者の心のQOLとそこから湧き出る思い"を理解するということです。よく利用者主体とか利用者本位と言われますが、その中心にあるのは利用者の"思い"なのです。

見えるQOL（客観的QOL）のとらえ方

①"命を守る"ことを最優先として、利用者の健康（病気）について把握する。

②心身の機能については、認知症とか、麻痺や拘縮などの「失われた機能（機能障害）」だけにとらわれず「持っている機能（現有機能）」にも注目する。

③ADL・IADL（活動）については、「支援を要する活動」「（現在はしていないけど、やろうと思えば）できる活動」「（現在）している活動」「将来する（できるようになる）活動」の4つのレベルで考える。

④役割（参加）については、「支援を要する役割」「（現在はしていないけど、やろうと思えば）できる役割」「（現在）している役割」「将来する（できるようになる）役割の4つのレベルで考える。

　これらの視点をつなぎ合わせたものが「見えるQOL」です。

アセスメントにおける7つの領域

　このほか、QOLに影響を及ぼす要素が2つあります。それは利用者の「個性」と、利用者が置かれている「環境」です。本書では、心のQOLと見えるQOLの5つの領域に「個性」と「環境」を加えて「アセスメントにおける7つの領域」と呼んでみたいと思います。

　アセスメントとは、利用者の"心のQOL"とそこか

らあふれ出る"思い"を中心に置き、「個性」と「環境」の影響を踏まえながら、"語り"から得られた情報を"見えるQOL"として具体的に整理することで利用者のニーズと目標を導きだすプロセスなのです。

アセスメントの領域

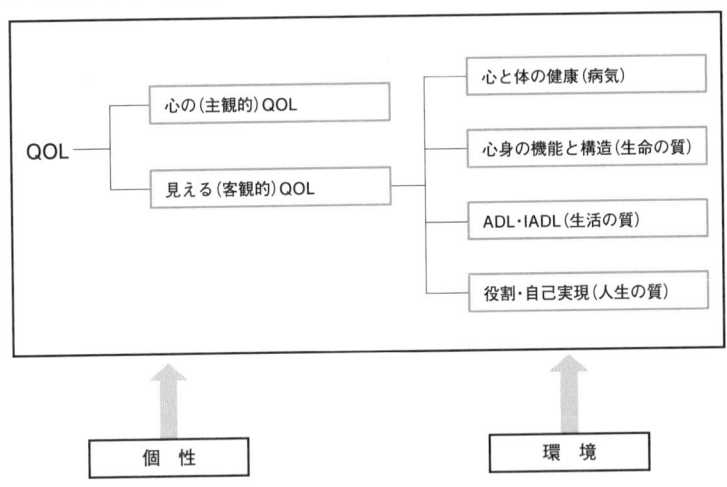

I
チェックリスト

1 訪問前の準備

カバンの中身
☐ カバンの中身を確認しましょう。名刺、筆記用具、クリップボード、デジカメ、メジャー、朱肉、ハンコマット、携帯電話、介護保険制度等のパンフレットなどなど……
☐ 予定を記入できる手帳を常に持ち歩きましょう
☐ 面接中に時間をさりげなく確認するためには腕時計が理想です

転ばぬ先の杖
☐ 移動中にどんなトラブルがあるかわかりません。利用者宅の連絡先を控えて持参しましょう
☐ トラブル発生時のために、携帯電話に職場の複数の電話番号を登録しておきましょう
☐ 緊急対応に備え、携帯電話には最寄りの医療機関や警察署、駐在所、消防署などの電話番号を登録しておきましょう
※「緊急連絡先一覧」としてファイリングしてカバンに入れておく方法もあります
☐ 住宅地図で利用者宅を確認しておきましょう。自信がなければ住宅地図をコピーして持参しましょう

☞ 解説は 56 ページへ

訪問前の確認事項

☐ 訪問する日時は、あらかじめ約束しておきましょう。利用者の安心のために、どのような目的で訪問するのかを簡単に説明しておきましょう

☐ 車で訪問する場合は、駐車スペースがあるか確認しましょう

☐ 初回訪問前に「認定調査票」や「かかりつけ医の意見書」、地域包括支援センターからの情報提供がある場合には目を通し、特に疾患（既往症、現病歴）については訪問前に調べておきましょう

☐ トイレに行くとともに、鏡で身だしなみの確認をしましょう

☐ 訪問先とおおむねの帰社時間を同僚に伝えましょう

訪問面接　　アセスメント　　ニーズ抽出　　ケアプラン作成　見直し

2 訪問中の留意事項

玄関から着座まで
- 約束の時間の10分前には到着しましょう
- 到着したら玄関まわりの環境を確認しましょう
- インタフォンを押し、ドアが開いたら、所属機関名、氏名を述べましょう。「どうぞ……」の案内の後に玄関におじゃましましょう
- 靴を脱いだらそろえましょう
- 家の中におじゃましましたら、さりげなく生活環境を観察しましょう（玄関の靴はそろえられているか、ゴミが落ちていないか、机の上に何が置いてあるか、部屋にある趣味のもの、写真、表彰状、部屋に日が差すかどうかなど）

面接
- 可能であれば、視線をずらすために利用者と正対せず、少し斜めの位置に着座しましょう
- 座ったら名刺を渡し、改めて挨拶しましょう。必ず利用者、家族の両方に笑顔で視線を向けましょう
- 訪問時間は1時間～1時間半を目安にしましょう
- 訪問の目的をわかりやすく説明しましょう
- ケアマネジャーの役割をわかりやすく説明し、あわせて介護保険制度の説明をポイントをしぼって簡単にしておきましょう
- メモをとる承諾を得ましょう

☞ 解説は 58 ページへ

- メモをとることに集中し過ぎて会話が途切れ途切れになったり、目線がずっと下を向いたりしないように気をつけましょう
- 専門用語はなるべく使わないようにしましょう
- すべての情報を一度に聴取する必要はありません。現在の支援に最低限必要な情報以外は、信頼関係が増すなかで徐々に収集していきましょう

契約締結
- 重要事項と契約内容をわかりやすく説明しましょう
- 支援にあたっては"利用者の権利を擁護する"ことをわかりやすく伝えます。苦情申し立て窓口についてもしっかりと説明します。また、守秘義務と情報開示についても説明しましょう
- 日付などの記入もれに注意しましょう
- 面接が終了したら次の支援の過程の説明、面接日程などの打ち合わせをしましょう

訪問面接　　　アセスメント　　　ニーズ抽出　ケアプラン作成　見直し

3 アセスメント①―利用者の

利用者、家族の尊厳を守る
☐ 利用者の「尊厳の保持」と「能力にあった自立」がケアマネジャーの支援の目的であることを心に刻みましょう

利用者が主役！
☐ 利用者の"望み"や"困りごと"が支援の中心にあることを理解しておきましょう
☐ 利用者と信頼関係をつくることを常に意識しましょう

「困りごと」「心配ごと」を理解する
☐ 自分が「聞きたいこと」は後に回し、利用者の「話したいこと」に耳を傾けましょう
☐ 利用者がどんなことに一番困っているのか、どんな心配ごとがあるのか確認しましょう
☐ その困りごとはいつごろから始まり、どれくらい続いていて、どんな時にどこで起こるかを確認しましょう
☐ その困りごとから、生活にどのような支障が生じているのか確認しましょう
☐ 問題状況に今までどのように対処してきたのかを確認しましょう
☐ 利用者の問題状況に、家族等の周囲の人々がどのよ

"思い"

☞ 解説は 60 ページへ

うな影響を及ぼしているのか整理しましょう
- ☐ 今回なぜ支援を受けようと思ったのかを確認しましょう
- ☐ 利用者のさまざまな"語り"から、利用者自身の"望む暮らし"や"生活の困りごと"などを最も表現していることばを「主訴」として整理しましょう(「夫といつまでもこの家で暮したいのよ」「病気になる前のように家事ができたらなぁ」など)

ことばで語れない利用者の場合

- ☐ 認知症や身体障害で自分の思いを語れない利用者の場合は、表情や仕草、繰り返される行動や片言のことばに目を向け、耳を傾けましょう
- ☐ 家族から利用者の生活史や好みなどを聞かせてもらいましょう
- ☐ BPSDはニーズの表現です。現象の奥にある利用者の"思い"を汲みとりましょう

訪問面接　　　　アセスメント　　　　ニーズ抽出　ケアプラン作成　見直し

4 アセスメント②―健康(病気)

利用者とともに病気を理解する
- ☐ "命を守る"という倫理を最優先しなければならないことを心に留めておきましょう
- ☐ 「かかりつけ医の意見書」などの情報提供がある場合は疾患の特徴を事前に調べておきましょう
- ☐ 利用者、家族が病気についてどの程度認識できているのか把握しましょう
- ☐ 病気が発症したときの経緯や状況について確認しましょう
- ☐ 症状が悪くなるときの兆候や対処の方法を、利用者、家族とともに理解しておきましょう
- ☐ 生活上の変化と病気のリスクのバランスに注意しましょう(たとえば、ADLの向上や楽しみづくりによって活動が増すのはいいことですが、一方で循環器や呼吸器系の病気への影響や関節の疼痛の悪化などに注意を要する場合もあります)

「薬の管理」と「作用・副作用」を把握する
- ☐ 服薬時間、服薬方法、薬の管理のしかたについて確認しましょう
- ☐ 緊急時、災害時に備えて、医療機関から処方薬と一緒に提供されている薬剤情報をコピーさせてもらいましょう

☐処方薬の作用、副作用について把握しておきましょう

在宅医療機器の特徴を知る
☐医療機器(在宅酸素、人工呼吸器、パルスオキシメーター等)の操作方法を把握しておきましょう

医療とのアクセス
☐どのような方法で医療機関に連絡したり、受診しているのか確認しましょう

☐医療機関や緊急連絡先の電話番号をどのように管理しているのか確認しましょう

☐高齢者世帯など緊急時のために必要と感じるときは、説明した上で健康保険被保険者証や医療受給者証などの保管場所を確認しましょう

☐夜間や休日などの、かかりつけ医の緊急時の連絡方法について確認しましょう

☐かかりつけ医の窓口職員や医師とのアポイントメント可能な時間、曜日、手段(電話・ファックス・メールなど)について確認しておきましょう

5 アセスメント③ ──精神機能・身体機

精神機能と心のQOL

☐ 精神機能とは、注意・記憶・思考・計算等の脳の持つ機能のことです。これらが障害を受けることを精神機能障害といいます

☐ 精神機能障害には、抑うつ気分やうつ病、双極性障害などの気分障害も含まれます

☐ 認知症も精神機能障害に含まれます

☐ 認知症と一口にいっても、個々人により認知できる人や時間や場所はさまざまです。「個別性」にしっかりと目を向けましょう

☐ 認知症の中核症状やBPSD（認知症の行動・心理症状）に目を奪われないようにし、利用者が「持っている力」もしっかりと評価しましょう

精神機能の評価

☐ 医療職ではないケアマネジャーは利用者とのコミュニケーションのなかで認知症を評価します。利用者と会話を重ねていけば、利用者がどのような現実世界に生きているのか、誰が（何が）理解できて、誰の（何の）理解が難しくなっているのかが少しずつ見えてきます

☐ 認知症は本人にとっても受け入れ難いものです。利用者の尊厳を守る意味でも、"焦らず"、"ゆっくり"と評価するよう心がけましょう

能と体(構造)

☞解説は66ページへ

- ☐ 認知症を軽度、中度、重度といった大きなくくりで評価せず、会話や日常生活の出来事から具体的に状態を把握しましょう
- ☐ 家事・役割：買い物、留守番などをどの程度任すことができるか把握しましょう
- ☐ 関心・意欲・交流：運動、家事、仕事、趣味などがどの程度意欲的に実行できたり、関心があるか把握しましょう
- ☐ 会話：日常会話がどの程度できるか、会話のつじつまが合うか、呼びかけに答えることができるかを把握しましょう
- ☐ 記憶・記銘：最近の出来事や古い記憶がどの程度残っているか把握しましょう
- ☐ 見当識：日時、場所、人物がどの程度理解できているのか把握しましょう
- ☐「悲しい」「自分は迷惑をかけている」「死んでしまいたい」等といったことばがどのくらいの頻度で聞かれるか把握しましょう
- ☐ 食欲がない、眠れない、体重が減るといったことがないか把握しましょう

身体機能と体（身体構造）の評価
- ☐ 身体の機能を把握する際は「活動」と関連づけま

しょう〜「水分の誤飲あり」「下肢筋力の低下（つかまり歩き）」「弱視（新聞の小文字は読めない）」など

☐視力：人の顔がよく見えているかどうか、文字が読めるかなどから把握しましょう

☐聴力・言語機能：コミュニケーションの様子から把握しましょう

☐耳垢が溜まっていないか確認しましょう。耳を見せていただくことがはばかられる場合は、耳掃除の習慣について把握しましょう

☐咀嚼・嚥下機能：食事の様子から把握しましょう

☐口腔内（歯や舌）の状態を把握しましょう。口腔内を見せていただくことがはばかられる場合は、歯磨き等の習慣や様子を把握しましょう

☐手指の巧緻性（器用さ）：箸の扱いやボタンを留める動作等の細やかな動作からある程度把握できます

☐関節の可動域：体操のバンザイ動作や上着の更衣動作等である程度把握できます

☐両手で握手して強く握ってもらうと筋力の左右差（麻痺等）がある程度把握できます

☐臥床した状態から立ち上がり、歩くまでの動作で体幹や下肢筋力の状態と事故のリスクがある程度把握できます

☐立位姿勢で体幹の重心が前にあるか（円背等）、後

ろ（背中側）にあるか、左右のどちらのあるかで、どの方向に転倒するリスクが高いかがある程度把握できます
- ☐ "痛むところ"や"かゆいところ"の把握も忘れないようにしましょう
- ☐ "右麻痺であれば左半身は問題なし""難聴＝耳元で話せば聞こえる"など、「残されている機能」に目を向けましょう
- ☐ 事故や手術による身体の欠損や傷、病気や過用による変形（手指、足指、膝等）についても把握しましょう
- ☐ 「改善は無理」との思い込みはせずに、ＰＴ（理学療法士）、ＯＴ（作業療法士）、ＳＴ（言語聴覚士）等の心身機能のプロに改善の可能性やリハビリテーションの必要性の有無についての評価を依頼しましょう

6 アセスメント④─活動(ADL・

アセスメントの視点

☐ 活動とは基本動作(寝返り、座る、歩く、持ちあげる、押す、ねじる等)、入浴、食事、排泄、更衣、整容といったADL、調理、洗濯、掃除、金銭管理、仕事、受診、趣味活動といったIADLなどの生活行為、つまり「生活上の目的をもった、一連の動作からなる具体的な行為」のことです

☐ 活動は①「(生活場面で実際に)している活動」、②「(生活場面で)支援を要する活動」、③「(今はしていないが、やろうと思えば)できる活動、(日常生活ではしていないが、リハビリテーションや機能訓練場面では)できる活動」、④「(今はしていないが将来は)する活動(目標)」と整理できます

☐ 「活動」のアセスメントの際には、「できる活動」=「今持っている力」を見極め、どうしたら日常生活で「している活動」に高めることができるかを考えます

☐ コミュニケーションはすべての活動や役割の基盤となる、とても大切な活動です。コミュニケーション障害には気分障害、認知障害、失語、構音障害、難聴などさまざまな要因があります。どのような障害がからみあっているのか評価しましょう

☐ 活動には、その人にとっての意味(大切さ)や役割という要素もあります。利用者の生活や人生のなか

(ADL) ☞ 解説は 70 ページへ

で、その活動がどのような意味や役割をもっているのかを把握しましょう

「活動」は環境の中で評価する

☐ 利用者の周囲の環境とあわせて ADL を評価しましょう(同じ「立ち上がり動作」でも、居間の椅子から立ち上がるのと風呂の椅子から立ち上がるのとではまったく違う動作です。介助する家族の有無、年齢、性別などでも大きく違ってきます)

☐ 同じ「半介助」でも「できるところ」、「支援を要するところ」は人さまざまです。生活場面の流れに沿って評価しましょう(たとえば、ベッドから立つ↝廊下に出る↝伝い歩きでトイレに行く↝明かりをつける↝ドアを開ける↝ズボンを下ろす……などの活動の流れのなかでそれぞれの動作を評価します)

7 アセスメント⑤―役割（参加）

「役割」のもつ意味を知る

☐ 同じ活動でも、誰かのために行えば、そこに「役割」が生まれます。利用者がどんな役割（他者との関係）を持っているのか確認しましょう（たとえば、自分のために調理すればそれは「活動」ですが、「家族のため」の調理であれば、そこには「母としての役割」「妻としての役割」などが生まれます）

☐ 誰かと一緒にお茶を飲むだけでも大切な「役割」です。このような日常のひとこまも確認しましょう（「仏壇やお墓の世話」は亡き家族への役割だったりもします。また、家族がいれば、何もしなくても家にいるだけで役割を担っていると考えることもできます）

役割がQOLを高める

☐ 机を拭く、仏壇の世話をする、庭の草取りをする、こういったほんの小さな役割でも「活動」につながり、「心身機能」を活性化します

☐ 新たな「役割」が加わったら、「心身機能」のどこを使って、どのような「活動」をすることになり、どのような効果があるのかを意識的に考えましょう

☞ 解説は 74 ページへ

認知症の人の「役割」を知ろう

☐ 認知症の人のケアにおいて「役割づくり」は絶大な効果を発揮します。ことばによるコミュニケーションが難しい利用者の場合、家族から生活史や好みなどを聞かせていただくなかで、その方がこれまでの人生において果たしてきた「役割」を把握しましょう

8 アセスメント ⑥ ― 個性

「個性」とは

☐ 個性は他の人との優劣を比較するものではありません。そのことを忘れないようにしましょう

☐ 性別、人種、年齢も個性です。「感謝の気持ちを忘れない」といった生きる上での考え方も個性です

☐ 生活歴や教育歴、過去の成功体験や思い出したくもない嫌な体験等も個性に大きな影響を及ぼします

☐ はじめのうちは支援に必要なこと以外は無理に聞き出そうとせずに、信頼関係づくりを心がけましょう

☐ 信頼関係が深まってきたら、自慢話や辛い体験、どのように生きてきたか（人生が一番輝いていた時期や反対に下降期など）といった生活史を少しずつ教えてもらいましょう

☐ 過去の同じような体験でも、とらえ方は人さまざまであることを理解しておきましょう

☞ 解説は 76 ページへ

"語れない人" の個性は「日々の観察」と「生活史」から

☐ 認知症や重度の身体障害等で、自分自身の思いを十分に語れない利用者は"観る"と"聴く"を大切にします。日々の語りや表情を観察することで、どのようなことが"快"で、何が"不快"なのか観察しましょう（快・不快の感覚も個性です）

☐ 家族から利用者の生活史を聞かせてもらい、今を輝かせるためのヒントを探しましょう

訪問面接　　　アセスメント　　　ニーズ抽出　ケアプラン作成　見直し

9 アセスメント⑦ー環境

家族や地域住民との関係性を理解する

☐ 家族をアセスメントする際には、利用者が一番頼りにしている人は誰か、家族が集う際の中心は誰か、誰が決定権を持っているのか、家族の中でも誰と誰が仲がいいのか、反対に仲が悪いのかといった関係性を把握しましょう

☐ 利用者との関係が悪い家族であっても、100%困った家族という見方はやめましょう。家族のもつよいところを探しましょう

☐ 利用者、家族の両方の"語り"に耳を傾けましょう。どちらかの発言力が強いと感じるときは、別々に（事業所やサービス利用時などに）面接しましょう

☐ できれば家族以外の友人や近隣などの地域との関係性も把握しましょう

制度・経済状況を把握する

☐ 現在、どのような制度（医療保険の種類、障害者施策等）を活用しているかを把握しましょう

☐ 経済状況（特に年金の種類、額）を聞かせていただきましょう

暮らしの跡を読みとる

☐ 自宅で面接をする際には、さりげなく、でもしっかりと生活環境を確認しましょう（電話機やゴミ箱、

☞ 解説は 78 ページへ

新聞等がどこに置いてあるかで、利用者が無理なく動ける範囲が予測できます。柱や壁に目立つ手垢がついていれば、そこが立ち上がりや歩行の際に手を付いている場所だと考えられます）

☐ 利用者の生活動線を「動画」として思い描き、身体機能と照らし合わせて、物理的環境が利用者に無理や危険な動きをもたらしていないかどうかを評価しましょう

☐ 何気なくテーブルの上に置かれているもの、壁に掛かっているもの、書棚に並んでいる本などには、利用者の現在の暮らしぶりだけでなく、趣味や嗜好といった内面の情報も含まれています。しっかり観察しましょう

☐ 住宅改修や福祉用具の導入を検討するときには、利用者のADL（特に基本動作）をしっかりと評価しましょう。できればリハビリテーション専門職に評価を依頼しましょう

10 ニーズを導きだす

"ニーズ"はどのように導きだすの？

- ☐ ニーズには、①利用者の感じるニーズ、②家族の感じるニーズ、③専門職が専門性や経験値から導きだすニーズがあります
- ☐ 上記の3つのニーズを調整し「合意されたニーズ」となって初めて、ケアプランに記載することができます
- ☐ 合意されたニーズとは、"利用者、家族の両方が納得でき、かつ両者のプラスになるもの"であり、同時に"ケアマネジャーの規範的ニーズ（専門的見立て）からも合意できるもの"でなければなりません
- ☐ 自らのことばでニーズを語れない利用者については、家族やケアマネジャーのアドボカシー（代弁・権利擁護）にてニーズを導きだした上で、家族の同意を得て「合意されたニーズ」とします
- ☐ ニーズの導きだしのプロセスが頭の中で整理でき、利用者や家族、多職種にわかりやすく説明できるようになりましょう

ニーズがぶつかりあう場合

- ☐ 利用者がことばで表したニーズが利用者自身のマイナスになると評価した場合は、利用者にその理由をしっかりと理解してもらい、ニーズの修正をうながさなければなりません

☞ 解説は 80 ページへ

- 利用者と家族の利益がぶつかりあったり、ニーズ（希望）が高みにありすぎて達成することが不可能な場合などは、ケアマネジャーが規範的ニーズによって修正する必要があります

どうしても合意が得られない場合

- どうしてもニーズの合意が得られない場合は、サービス担当者会議等を通じてその経過を多職種で共有し、利用者や家族に理解してもらうよう引き続きアプローチしていきます。経過については居宅介護支援経過（第5表）に必ず記録しておきましょう

訪問面接　　アセスメント　　ニーズ抽出　ケアプラン作成　見直し

「アセスメントにおける7つの領域」からニーズを整理する

(1) 利用者・家族の思い(心のQOL)

☐ 利用者が"今の自分をどのように思っているか"、そして"どんなふうにありたいか"がアセスメントの中心です。あなたが面接のなかで受けとった利用者の"思い"や"感情"を利用者自身のことばで整理してみましょう

(2) 健康(病気)

☐ 健康は命に最も近いニーズです。大きく分けると、①病気の治療、②治療が心身に及ぼす影響、治療が日々の活動に及ぼす影響、③病気を管理する力の強化、④健康を管理するための環境整備がニーズを把握する際のポイントです

(3) 精神機能・身体機能と体(構造)

☐ 認知症が進行していくなかで「悲しい」「死にたい」といったことばで表現される気分の落ち込みやBPSDという非言語のコミュニケーションで表現される混乱や不安、焦りなどは、利用者が心で感じているニーズの表現です

☐ ADL、IADLに悪影響を及ぼすような身体の障害については、障害された部位の維持・改善や装具等によ

る保護（補強）といった治療やリハビリテーションなどがニーズとなります

(4) 活動（ADL・IADL）
◻︎ 利用者が実際に身を置いている環境において「(現在) している活動」を維持・強化すること、「(一人では実行困難な) 支援を要する活動」や「(現在はしていないけどやろうと思えば) できる活動」を「(現在) している活動」に高めていくことがニーズです

◻︎ 心身の機能が回復すると活動量が増えます。活動量が増えるとリスク（転倒や痛み等）の可能性も高まります。その予防もニーズです

(5) 役割（参加）
◻︎ 人が生きていく欲求（動機）の最も高みにあるのが「役割（参加）」のニーズです。「体（心身機能・身体構造）」は生きていくための土台、「ADL・IADL」は生きていくための基本となる活動、その上に位置づけられるのが他者との関係性のなかで役割を果たすことです

◻︎ 役割は「心のQOL」に大きな影響を及ぼします。他者との関係性のなかで"人間らしく生きる"ことで、

活動が増え、心身機能も高まります
- 「(現在) している役割」の維持・強化、「(一人では困難な) 支援を要する役割」や「(現在はしていないけどやろうと思えば) できる役割」を「(現在) している役割」に高めることがニーズです

(6) 個性
- 個性は利用者のニーズに大きく影響します。利用者の"語り"にしっかりと耳を傾け、"どのような人生を歩み、どのような価値をもっているか"を共感的に理解できていないと、ニーズを見誤ってしまう可能性があります

(7) 環境
- 環境も利用者のニーズに大きく影響します。家族構成や家族の関係性、家屋内の構造、地域の環境や関係性、経済状況等によって、同じような心身の機能障害であってもニーズは違うものになります

☞ 解説は 80 ページへ

時間軸でニーズを把握する
☐ 利用者の24時間の暮らし方を時間を追って具体的に思い浮かべてみると、見落としていたニーズに気づくことがあります

ニーズに迷ったら専門職へ
☐ ケアマネジャーの周囲にはさまざまな専門職がいます。ニーズを導きだすなかで迷いがでてきたら、その道のプロに相談しましょう

訪問面接　　　アセスメント　　　ニーズ抽出　　ケアプラン作成　見直し

11 ケアプラン作成の基本的考

- ☐ ケアプランは、これからの暮らしをどのように輝くものにしていくかを、利用者、家族、援助職者が一緒に考え、計画し共有するものです
- ☐ 疾患や障害の状態像、ネガティブな生活史は基本的には記載しません
- ※利用者の心に引っかかること（障害などのつらい事実を突きつける、過去を思い出させる）は支援に絶対的に必要な場合以外は記載しません（心のQOLへの配慮）
- ☐ 難解な専門用語や専門職然とした言い回しはできるだけ避けましょう
- ☐ 命を守るための医療やターミナルなどの緩和ケアが必要なケースでは、必要な処置を明確化しましょう（難しい専門用語はしっかり説明しましょう）

ケアプラン作成の10のポイント

自立支援につながるケアプランを作るためには、次の10のポイントに留意しましょう。

①自尊心を高める
- ☐ ケアマネジャーは利用者自身の強さを見いだし、今に活かすことで"自尊心"を高めるケアの組み立てをする必要があります。たとえば、何らかの役割を

持つことです

②自己決定を尊重する
☐ 重度の身体機能障害で、自分で行うことが難しくても、「決めることはできる」という人も多くいます。「決める」という行為は心のQOLを大きく高めます

③現有能力を活かす
☐「できる活動」に加えて、介助者などからの「支援を要する活動」を日常生活で「している活動」まで高める視点が大切です

④役割をつくる
☐ 高齢で意欲が湧かない、認知症でリハビリそのものを理解することが難しいといった利用者の機能の回復に"役割づくり"は効果絶大です

⑤活動と役割づくりを通じて心身機能を改善する
☐「現有能力を活かす」「役割づくり」の目的の一つに心身機能の維持・改善があります

⑥利用者のいる環境のなかで活動を考える

☐サービスの導入や福祉用具が利用者の活動性を低下させてしまうことがあります。「サービス利用によて失われるもの」についても意識をすることが大切です

⑦個別化（個性を活かす・ケアの個別化）を意識する

☐利用者の「している活動」や「援助を要する活動」は人それぞれです。入浴や排泄などの一つひとつについて、プロセスのどこが自立していて、どこに支援が必要なのかを明確にすることにより、より個別化されたプランとなります

⑧健康面や環境面から発生するリスクを予測し注意をうながす

☐"自立を支援する視点"を持ちながら、一方で"安全・安心に配慮"しなければなりません。疾患や障害から起るかもしれないリスク、置かれた環境から起こるかもしれないリスク、周囲の人々に起こりうるリスクをしっかりと予測し、利用者と支援する援助職者などに注意をうながしていく必要があります

⑨利用者・家族の理解力と心のQOLに配慮する

☐ケアプランは利用者のものです。利用者や家族に、

自分自身が何をしなくてはならないのか、どのような支援を受けられるのかがわかりやすく記載されていなければなりません。利用者や家族の年齢や理解力などに合わせた表現が求められます
☐「認知症」や「半身麻痺」などの利用者にとって受け入れがたい状態をケアプランに記載することは、心のQOLに悪影響を与える場合があるので注意しましょう

⑩情報開示を意識した文章表現をする
☐ケアプランは援助職者だけでなく、利用者・家族が常に目を通す公式記録です。利用者や家族にわかりやすい、ていねいな文章表現が求められます

12 ケアプラン立案の実際①—第1表

初回・紹介・継続
- 作成年月日と居宅サービス計画作成（変更）日は、利用者（家族）に同意をもらった日付を記入します
- 利用者が初めて居宅介護支援事業所を利用する場合は、「初回」に○をつけます
- 他の居宅介護支援事業所から、何らかの事情により引き継いだ場合は「紹介」に○をつけます
- すでに継続して利用している場合は「継続」に○をつけます
- 他事業所で継続中のプランを引き継いだ場合は、「紹介」と「継続」の両方に○をします

介護認定審査会の意見及びサービスの種類の指定
- 利用者の被保険者証に認定審査会の意見が記載されている時には、その意見を転記します
- 認定審査会の意見を反映させたケアプランとなるよう注意しましょう
- 認定審査会の意見及びサービスの指定がないときは、必ず「なし」と記載しましょう

生活援助中心型の算定理由
- 一人暮らしで要介護状態にはないが生活援助が必要な場合は「1．一人暮らし」に○をつけます

☞解説は92ページへ

- ☐ 同居する家族はいるが、障害や病気で家事などが困難な場合は「2．家族などが障害、疾病等」に○をつけます
- ☐ その他のやむを得ない事情の場合には「3．その他」に○をつけます

利用者及び家族の生活に対する意向

- ☐ 利用者や家族のことばで大切だと思うことは、ことばをそのまま記載しましょう
- ☐ 利用者と家族のことばは区別して書きましょう
- ☐ 利用者や家族との会話のなかで、"このことばはポイントだな"と思ったことばは居宅介護支援経過（第5表）などに書き留めておきましょう
- ☐ 「安心して過ごしたい」といった漠然としたことばについては、「何が不安なのか」を明確にして、"どのように生活していきたいか"を具体的に記載しましょう

総合的な援助の方針

- ☐ 書き方は、まず"これからこんなふうに生きていきたい"という「利用者の望む暮らし」を記載し、次にその思いに対してケアマネジャーとしてどこに目標（焦点）を置いて支援するのかを記載するイメー

訪問面接　　アセスメント　　ニーズ抽出　ケアプラン作成　見直し

ジです
- 「利用者の望む暮らし」は「第2表の長期目標をひとつにする」というイメージです
- 「総合的な援助の方針」は利用者、家族を含むケアチームが目指す共通の方針です（利用者自身や家族の取り組み（自助、互助）を記載することもあります）
- 家族や主治医などの緊急連絡先を記載しておきましょう。連絡先は携帯電話が望ましいでしょう（日中と夜間帯の連絡先が違うこともあります）

○ステップアップのために

利用者及び家族の生活に対する意向

- 重度の認知症や身体障害で意向を伝えることが困難な利用者は、利用者の表情や仕草、行動を観察し、QOLが高いと思えることを客観的に書くのもひとつの方法です（たとえば「散歩されているときの表情がとてもいい」など）
- 「意向」には、時に「利用者自身にとって不利益（マイナス）になること」「家族にとって不利益（マイナス）になること」「利用者と家族の利益が相反してしまうこと」「とうてい達成が不可能な要望」などが含まれます。このような場合は規範的ニーズに

☞解説は92ページへ

　照らして修正の提案をしなければなりません
☐記載が難しい部分（記載すると誰かの不利益（マイナス）になる、本人の意向に沿って記載はするが達成は困難と考えられるなど）は「居宅介護支援経過」（第5表）にその経過と判断の根拠を記録しておきます
☐ただし、どうしても利用者や家族が承知できない場合はそのまま記載します（自己決定の尊重）
※利用者や家族間でトラブルにならないように注意しましょう

総合的な援助の方針

☐「総合的な援助の方針」はケアプラン上で唯一、「今後どのように支援していくか」というケアマネジャーの"思い"を伝えられる場であることを意識しましょう
☐支持的・共感的な表現をすることで、さらなる信頼関係を築くことも目的の一つです。めったに会えない別居家族へのメッセージとしても有効です
☐ケアマネジャーとしての"支援の態度"をかかわる多職種に理解してもらい、それぞれの担当のケア場面で同じような態度で利用者とかかわってもらうことも大切な目的の一つです

訪問面接　　アセスメント　　ニーズ抽出　ケアプラン作成　見直し

13 ケアプラン立案の実際②—第2表

生活全般の解決すべき課題(ニーズ)

☐ 支援を受けなければならない「原因」「状態」「問題」はなるべく記載しないようにしましょう

※利用者の心に引っかかる(つらい事実を突きつける、過去を思い出させる)ことは支援に絶対的に必要な場合以外は記載しません

☐ なるべく意欲的に「〜したい」と表現しましょう

☐ 意欲的になれない利用者の場合は「〜で困っている」といった気持ちに沿った表現も"あり"です

☐ ニーズは優先順位の高いものから記載しましょう。利用者の"思い"の強さ、病気のリスク、障害による生活上のリスク、ADLや役割の向上の重要性等のさまざまな個別ニーズを比較するなかで順位を決定していきましょう

☐ 認知症や重度の身体障害などによりニーズをことばで表現できない利用者の場合は、家族もしくはケアマネジャーが、利用者のプラス(最大利益)になるよう考えて代弁(アドボカシー)して記載します(ケアマネジャーが代弁したときには、家族の同意が必要です)

☐ 利用者のニーズと家族のニーズがぶつかりあう(利益相反する)場合には、双方が納得できるところでニーズを記載しましょう(合意できない場合は記載できません)

☞ 解説は 102 ページへ

- □ サービスは手段であり目的ではありません
- ※「デイサービスに行きたい」↝「デイの何が楽しみですか」と問いかけてニーズを具体化します
- □「不安でしかたがない」「さみしい」といった"心のQOL"を表したニーズは「何が不安なのか」「どのようなときにさみしいのか」など"具体的な生活場面"で整理しましょう
- □「このまま家で生活したい」「安心して暮らしたい」などの生活全体のイメージを表すニーズは「総合的な援助の方針」に「望む暮らし」として記載しましょう

目標

- □「目標」はあくまでも利用者の目標でなければなりません。援助する側の目標になっていないか注意しましょう
- □ 時々利用者の目標(要望・希望)が高みにありすぎて、とうてい達成が見込めないような場合があります。このようなときは、利用者に働きかけて段階的に目標を設定するように修正しましょう
- □ 目標は具体的な「心身機能(の改善)」や「活動(ADL・IADL)」「役割(参加)」などの"見えるQOL"で設定しましょう

訪問面接　　アセスメント　　ニーズ抽出　ケアプラン作成　見直し

期間

☐利用者の状態にあわせて期間を設定しましょう

※サービス種別ごとの期間（第2表の右端）は、基本的には短期目標と同一ですが、個別の設定となる場合もあります（住宅改修、福祉用具等至急の対応が求められるような場合）

☐初回プランや退院直後等の状態が不安定なケースは期間を短く設定しモニタリングを早めにします

サービス内容

☐担当者に"ここだけは押さえて支援してほしい"と思うポイントをしっかりと記載しましょう。ケアの統一（標準化）ができます

☐なるべく専門用語を使わず、利用者、家族にわかりやすい内容を意識しましょう

☐医療ニーズに対応する「サービス内容」には、専門用語の使用が必要です。わかりにくい専門用語は利用者、家族にしっかりと説明しましょう

☐利用者自身の取り組み（自助）、家族や近隣協力者にお願いする取り組み（互助）も「サービス内容」に記載しましょう

☐サービスの組み立ては「ケアプラン作成に求められる10のポイント」の考え方をしっかりと活用しましょう。10のポイントがもっとも発揮されるところ

が「サービス内容」です
- 「サービス内容」には、「利用者がどのようにやる気になり（やる気を引き出し）、何をして、それを周囲の人々がどんなところに注意しながら、どのように支援していくのか、そのために、利用者、家族、多職種で共通認識しておかなければならないこと」を記載します

サービス種別・頻度・期間

- 「サービス種別」に介護保険対象サービスを記載した場合は「※1」の欄に「〇」を記載しましょう
- 自助、互助が「サービス内容」に設定された場合は、「サービス種別」に利用者、家族や近隣協力者も記載しましょう

※「ご本人」「ご家族」「A氏」など

- 「頻度」は「サービス内容」に掲げたサービスをどの程度の「頻度（一定期間内での回数、実施曜日など）」で実施するかを記載しましょう

※「1回/週」「毎日」「随時」「至急」など

14 ケアプラン立案の実際③—

- ☐ 作成年月日は第1表、第2表と同様にケアプランの同意を得た日を記載しましょう
- ☐ 第2表で位置づけられたサービス及びインフォーマルな支援もすべて記載しましょう
- ☐ 週単位以外の月単位のサービスなどについては、下欄の「週単位以外のサービス」欄に記載しましょう
- ☐ 「主な日常生活上の活動」欄は、利用者の平均的な1日の過ごし方を記載しましょう

第3表

☞解説は120ページへ

○ステップアップのために

- ☐「主な日常生活上の活動」にADLなどの基本的な活動のほか、日課として行っている活動や役割を記載することで、利用者の24時間、365日を見直すきっかけになります
- ☐ 見守りの空白時間などのリスクの高い時間帯を確認しましょう
- ☐ 心身の状態により24時間の生活パターンが変化します。モニタリングや再アセスメントの際に再確認しましょう

訪問面接　　アセスメント　　ニーズ抽出　ケアプラン作成　見直し

15 ケアプラン見直しの視点

「ニーズ」と「目標」が変化したとき
～ケアプランの再作成

☐ 病気の再発や悪化、転倒事故など、または病気や障害の改善などによって利用者の認知症や身体の状態が大きく変化したときはニーズも変化します（心身の状態が変化すれば当然心のQOLも変化します）

☐ 加齢などにより心身の機能が徐々に低下することにともなってニーズが変化する場合もあります

☐ 身体の状態に変化がなくても、利用者の心のQOLに変化があればニーズも変化します

※たとえば在宅生活に見通しがついて精神的に落ち着いてきた、逆にうまくいかなくて不安が増したなど

☐ 家族が病気になった、一家の大黒柱がリストラで職を失った、同居していた息子が転勤で単身赴任になり家を離れた、孫娘が結婚した、仲の良い友人を失ったなどの人的な環境が変化したときはニーズも変化します

☐ 家を建て直した、引っ越した、行きつけの商店が廃業したなどの物理的な環境が変化したときはニーズも変化します

☐ 利用者や家族は気づいていないけれど、ケアマネジャーやかかわる多職種がそれぞれの専門性から新たなニーズを見つけ出すことがあります

☞ 解説は122ページへ

「ニーズ」と「目標」に変化はないが「サービス内容」の調整が必要なとき
〜ケアプランの微調整

☐ サービスを組んでみたが、予想より利用者の現有能力が高かったり、反対に低い場合もあります。このようなときにはサービスの調整が必要になります

☐ 家族の支える力（介護力も含む）が予想より低かったり、反対に高かったりした場合はサービスの調整が必要になります。近隣の協力者についても同様です

☐ サービス事業所や医療などのサービス提供機関も対応能力はさまざまです。利用者の状態によってはケアプランの微調整が必要なことがあります

☐ たとえ適正なサービス内容であっても、利用者や家族のサービスに対する満足度が低い場合があります（たとえば、利用者と共同で家事を行うと決めたが、いつしか安楽を求めて不満を訴えるなど）。このような場合にもサービスの微調整が必要なことがあります

訪問面接　　アセスメント　　ニーズ抽出　ケアプラン作成　見直し

II

解説

1 訪問前の準備

モレなく万全に

訪問面接はケアマネ業務の基本のキ

　利用者の自宅を訪問して話を聞かせていただくのは、ケアマネジャーの仕事の基本中の基本です。自宅は利用者の生活の場であり、ケアマネジャーの支援の場でもあります。自宅には利用者の生活や個性、そしてそこから導きだされる支援のヒントがたくさん詰まっています。ケアマネジャーがそこでどのようなアセスメントをするのかによって、支援の内容や質、ひいては利用者のQOL（生活の質）が左右されるといっても過言ではありません。とはいえ、誰でも最初からうまくできるわけではありません。まずは失礼のないように心がけ、少しずつ学んでいきましょう。

カバンの中身

　訪問面接では何が起こるかわかりません。一人で訪問しているときは頼りになる同僚や先輩もいません。事前の準備はできるだけ万端に整えましょう。

　チェックリストに挙げたのは基本の必須アイテムです。ケアマネジャーが携行するものは「実践での使い勝手」が重要です。利用者に渡す名刺は、名前や電話番号、連絡先の文字を大きくするといった工夫も大切です。訪問時の記録は家の中を移動しながら行うことも珍しくありません。ノートは膝の上や手に持って記入

できるリングノートが理想的です。家屋の状況や利用者の身体の動きなどをビジュアルに記録できるデジタルカメラも有用なツールです。このように、実際に仕事のなかで活用する場面を想定しながら、一つひとつのアイテムを準備していきましょう。

転ばぬ先の杖

　訪問時にはどんなトラブルに巻き込まれるか予想がつきません。携帯電話と利用者宅の電話番号の控えは必ず携行しましょう。携帯電話には職場の電話番号（できれば複数）、最寄りの医療機関や警察署、駐在所、消防署などの電話番号を登録しておくとよいでしょう。これらを「緊急連絡先一覧」としてファイリングしておくという方法もあります。

　いざ現地に到着してみると利用者宅がわからないこともあります。初めての訪問時には住宅地図のコピーを準備しましょう。

訪問前の確認事項

　訪問する日時は、あらかじめ約束しておきましょう。その際には、どのような目的で訪問するのかをわかりやすく説明することが大切です。また、車で訪問するときは駐車スペースがあるかどうか確認しておきましょう。福祉車両が家の前に停まることを嫌がる方もいますので、最初の訪問時には「福祉車両を停めさせていただいてもよろしいでしょうか？」の確認も必要です。

　初回訪問前に「認定調査票」や「かかりつけ医の意見書」、地域包括支援センターからの情報提供がある場合は、それらに目を通しましょう。特に疾患については、訪問前に特徴や療養上の留意点などを調べておくと、後々の支援に役立ちます。

　住宅地図で利用者宅を調べる際に、地域の状況把握のために医療機関や店舗などの近隣環境を調べておくこともおすすめです。

☞チェックリストは12ページへ

2 訪問中の留意事項
信頼関係が最大のカギ

玄関から着座まで

　移動の途中で渋滞や事故などが生じる可能性もあります。約束時間の10分前に到着するよう出発しましょう。玄関先に立ったら一呼吸おいて、玄関まわりの状況を確認します（ゴミや落ち葉が散乱していないかなど）。玄関まわりの清潔さや庭の手入れ具合などは、利用者（及び家族）がどのくらい生活を管理する力があるのかを物語っています。

　こうした観察は、家の中に上がってからもさりげなく行いましょう。もちろん、興味本位のジロジロは禁物です。玄関の靴はそろえられているか、新聞・雑誌が散らかっていないか、居間のテーブルの上にあるもの、写真、表彰状、部屋に日が差すかどうか——。これらの情報は利用者の歩んできた生活史を教えてくれます。同時に現在の生活課題を垣間見ることもできます。重要と思える情報はしっかりと心に留めておきましょう。

面接

　席に案内されたら、可能であれば利用者を緊張させないために少し視線をずらすように斜めの位置に座りましょう。座席に座ったら名刺を渡し、改めて挨拶をします。第一印象が大切です。精一杯の笑顔で利用者、家族の両方に視線を向けましょう。

さあ、本格的な信頼関係づくりのスタートです。これから長いおつきあいをさせていただく"はじめの一歩"です。アセスメントは情報収集だけが目的ではありません。いろいろな話を聞かせていただきながら信頼関係をつくることも重要な目的です。"生きる"ということは、さまざまな出来事の積み重ねです。嬉しいこと、自慢話、嫌なこと、つらいこと、聞いてほしいこともあれば、誰にも言いたくないこともあります。利用者、家族を深く理解するためには、信頼関係を深めるしかありません。「この人になら話してもいいかな」「この人なら誠実に相談にのってもらえそう」。そう思えて初めて、人は自分の人生を語るのです。

　訪問時間は、目的にもよりますが長くても1時間半以内にしましょう。自己紹介が終わったら、訪問の目的を説明します。初めての訪問なら、①ケアマネジャーの仕事内容や所属機関について、②サービスについて、③契約締結についてなど、簡潔にわかりやすく伝えましょう。介護保険制度についての説明も必要ですが、最初からあまり詳しく話をする必要はありません。制度やサービスの説明では、専門用語はなるべく使わず、"わかりやすく"を心がけましょう。

　1回のアセスメントですべての情報を収集することは不可能です。焦ることなく、ゆっくりと信頼関係を深めていきましょう。

契約締結

　重要事項と契約の内容は、利用者の理解力に合わせてわかりやすく説明しましょう。一番大切なポイントは、"能力にあった自立支援"が目的であること、支援にあたっては"利用者の権利を擁護する"ことを伝えることです。

　面接が終了したら、これからの支援内容の説明と状況に応じて次回の面接日程の調整を行いましょう。

☞チェックリストは14ページへ

3 アセスメント①
利用者の"思い"

利用者の"語り"に耳を傾ける

　対人援助の基本は、利用者が主役であることです。「利用者が主役になる支援」をするためには、まずは利用者の"語り"にしっかりと耳を傾けることが不可欠です。じっくりとお話をうかがうなかで、利用者が"どのような世界に生きていて、どんな望みや困りごとを抱えているのか"が少しずつ見えてきます。これが「心の（主観的）QOL」です。

　悩みというのはそう簡単には解決できないものです。だからこそ、たとえ解決の糸口は見えなくても、じっくりと話を聞いてもらえるだけで心がすーっと楽になります。人は、心の中に不安や、悲しみ、怒りといった感情を抱いていると、冷静に物事を考えることができません。

　利用者の"語り"は、ぽつり、ぽつり……から始まり、時にそれは感情的に吐き出されることもあります。あなたはそんな利用者の語りに対して、「今まで一人で本当にがんばってこられたのですね」「とても不安でしたね。その不安についてもう少し詳しくお聞かせください」と、利用者の悩みや苦しみに共感しようとすることばを返していきます。あなたの共感的・支持的な態度は、必ず利用者の心に届くはずです。そして利用者の不安が少し消え、冷静さを取り戻して初めて、私たちの「聞きたいこと」に落ちつ

いて答えていただけるようになるのです。

「困りごと」「心配ごと」を理解する

　大切なのは、利用者が今どんなことに一番困っているのか、どんな心配ごとがあるのかをしっかりと聞かせていただくことです。具体的に、その困りごとはいつごろから始まって、どのくらい続いているのか、どんな生活場面で起こるのか、そしてその困りごとについて、どんな思いでいるのかを聞かせていただきましょう。

　もちろん、これらの問いを矢継ぎ早に繰り出すのは禁物です。私たちもそうですが、人は困りごとの渦中にいるときは案外何に困っているのかを正確には認識できていないことが多いのです。先にもふれたように、1回の訪問ですべての情報を収集するのは不可能ですし、試みる必要もありません。利用者とのおつきあいは始まったばかりです。ゆっくりと信頼関係を築いていくなかで、本当に困っていることは何なのか、生活のどんな場面に支障が生じているのかを一緒に考える姿勢で利用者と向き合いましょう。

　困っていることの中身といつから始まったかが見えてくれば、その問題に今日までどう対処してきたのか、なぜ支援を受けようと思ったのかを確認することは、そう難しいことではないでしょう。この2つの質問は、利用者・家族がもともとどんな力を持っているのかを把握することができ、また支援を受ける目的とモチベーションを確認できるため、ケアプランを立てる上ではとても重要な問いかけになります。

利用者の"思い"を整理する

　私たちケアマネジャーは利用者と多くのことばを交わし、少しずつ利用者を理解していきます。そのプロセスで、利用者の"望

☞チェックリストは16ページへ

む暮らし"や"生活の困りごと"を最も表現していることばを拾い上げましょう。「夫といつまでもこの家で暮したいのよ」「病気になる前のように家事ができたらなぁ」「昔は週末になると海に釣りに出かけたものだけど、こんな体になったらもう無理だよなぁ」。これらのことばが"主訴"であり"望む暮らし"です。ケアプランでは第1表の「利用者及び家族の生活に対する意向」に記載します。

このように利用者の"思い"をケアプランの中心に位置づけることが、「尊厳の保持」「主体性の尊重」というケアマネジャーに求められる基本的な倫理を踏まえることにつながります。

ニーズをことばで表すことができない利用者の場合

利用者、家族が感じるニーズの表現方法は、ことば(言語コミュニケーション)によるものだけではありません。表情や仕草、行動、ことばの強弱や抑揚といった非言語のコミュニケーションでもニーズは表現されます。多くの場合は、"快""不快"の表現として表されるでしょう。本心が非言語のコミュニケーションに垣間見えることはよくあり、ことばでは「Yes」でも態度では「No」の場合があったりします。非言語コミュニケーションによって表現される"思い"を見落とさないように気をつけましょう。

認知症の利用者にみられる徘徊や異食、粗暴行為、不穏、収集、弄便などの行動障害は、援助する側の視点では「BPSD」といわれ、認知症の周辺に出現する行動・心理症状として理解されています。

そのとらえ方自体は間違ってはいないのですが、利用者本人を主人公として考えたときには、これらの BPSD を「ニーズの表現」として理解することができます。たとえば、「徘徊＝見知ら

ぬ場所で不安でしかたない。出口を探して帰らなくては！」「異食＝おなかがすいたから何か食べよう。あ、おいしそうな飴玉！」「収集癖＝帰る準備をしなくちゃ！　あ、この茶碗、何かの役に立つかも……。このティッシュも役に立つかも」「粗暴行為＝見知らぬ人が近寄ってきて怖い、体に触るのはやめて！」と考えたとしたら、専門職が評価する「BPSD」が利用者本人にとってどのような意味をもった行動なのかがなんとなく見えてきます。

　私たちは心の中にあるニーズを、言語・非言語のコミュニケーションを使い、周囲の人々に表現します。当然のことながら、認知症の人にも、私たちと何ら変わりなく心の中にニーズが存在します。利用者が心の中にあるニーズを懸命に表現しているのに、私たち専門職はBPSDというくくりで行動・心理症状として評価してしまいがちなのです。行動の背景にある"心＝利用者の感じているニーズ"を理解する態度を持たないと、利用者を本当の意味で理解することはできないのです。

　私たちは、ことばで自分の感じているニーズを表現できない利用者の「心のQOL」を理解するためには、①利用者を観る（非言語のコミュニケーションをしっかりととらえる）、②利用者の語りを聴く（繰り返される片言のことばに耳を傾け、意味を考える）、③家族から利用者の生活史や好みを聞かせていただく、といったことを心がけることが大切です。

☞チェックリストは16ページへ

4 アセスメント②
健康（病気）

利用者とともに病気を理解する

　私たちが支援を行う利用者は、なんらかの疾患を抱えていることがほとんどです。したがって、健康面についてのアセスメントは欠かすことができません。初回訪問の前に「かかりつけ医の意見書」等による情報がある場合は、事前に調べてある程度の知識を得てからアセスメントに臨みましょう。多くの利用者や家族は病気に関しては素人です。自分の病気のことを十分把握できていない方も多いと考えましょう。

　最初に、病気が発症したときの経緯や状況について聞かせていただき、次いで症状が悪くなったときの様子と対処をどのように行っているのかを確認します。このような確認をしていくと、利用者や家族の病気に対する認識や知識がどの程度あるかが見えてきます。

薬の「管理」「作用」「副作用」を把握する

　かかりつけ医から薬を処方されると薬剤情報がついてきます。高齢者世帯など緊急時、災害時等に対応の必要を感じる場合は、薬剤情報をコピーさせてもらいファイルに綴じておきましょう。薬の作用は薬剤事典で調べることができます。最近では事典のパ

ソコンソフトも市販されています。薬には副作用があり、時に利用者が不穏状態になったり、便秘などの症状や転倒事故につながったりすることもあるので、しっかりと調べておきましょう。

在宅医療機器の特徴を知る

近年、在宅酸素機器や人工呼吸器、パルスオキシメーター、血糖値測定器、吸引器などのさまざまな医療機器が在宅介護の現場に導入されています。ケアマネジャーは、たとえ直接扱うことができないとしても、これらの機器について知識を持つことは必要です。訪問看護師と同行して情報を得たり、介護者が理解している場合は直接教えてもらうなどして、できるだけ把握しておきましょう。詳細に調べたい場合は、インターネットで情報収集することもできます。

医療とのアクセス

利用者と医療とのアクセスについて把握しておくことも重要です。定期受診や緊急受診の方法、体調不良時の連絡（夜間や休日を含む）を誰に、どのようにしているのか。また、医療機関や緊急連絡先の電話番号の管理のしかたも把握しておきましょう。

ケアマネジャーはかかりつけ医との連携も不可欠です。医師は多忙のため、連携窓口を置いている医療機関や診療所もあります。①担当部署や担当者の氏名、②アポイントメント可能な時間帯や曜日、③電話やファックス、メール等の連絡手段、④緊急時の連絡方法を把握しておきましょう。

☞ チェックリストは 18 ページへ

5 アセスメント③
精神機能・身体機能と体（構造）

精神機能とは

　精神機能とは、注意機能、記憶機能、思考機能、計算機能といった、脳の持つ機能のことをいい、これらが障害を受けることを精神機能障害といいます。抑うつ気分やうつ病、双極性障害などの気分障害なども含まれます。ケアマネジャーがかかわることが多い、脳血管性認知症やアルツハイマー型認知症なども精神機能障害に該当します。

　障害の程度によっては、利用者の日々の活動や役割に大きな影響を与えます。また、治療や服薬の継続、リハビリテーションの理解などに支障がある場合には、健康状態にも影響を及ぼします。QOLの改善の可能性やリスクの予測をする上で、精神機能の評価をしっかりと行う必要があります。

精神機能と心のQOL

　一口に認知症といっても、利用者により認知できる人や時間、場所はさまざまです。また、重度の認知症であっても、すべてを忘れ去っているわけではなく、新しいことをまったく覚えることができないわけでもありません。その時のエピソードそのものは忘れても、楽しかった、悲しかったという感情は残ります。記憶に留まらなくても、繰り返し温かな心地よい経験を重ねること

で、精神症状が落ち着き、穏やかな日常を取り戻すことはできます。深くかかわることで、名前は覚えてもらえなくても、顔を覚えてもらうことは可能です。

また、「3 アセスメント①」でもふれたように、BPSDとは"どうしたらいいかわからない！"という、その方の表現（ニーズ）でもあるのです。"思い"を理解するには、その人がどのような現実世界にいるのかを"観る"こと、"聴く"ことを大切にしなければなりません。見かけの現象に目を奪われず、また世間一般の常識で判断しないことが重要です。

精神機能の評価

身体の機能と違い、精神の機能は目に見えるものではないため、簡単に評価できるものではありません。医療職ではない私たちケアマネジャーは精神機能をどのように評価すればいいのでしょう。その答えは利用者とのコミュニケーションにあります。利用者と会話を重ねていけば、利用者がどのような現実世界に生きているのか、誰が（何が）理解できて、誰の（何の）理解が難しくなっているのかが少しずつ見えてきます。

精神機能の評価は、エピソードを通して把握していくことが大切です。たとえば、「遠方に住んでいる次男の顔がわからない（次男の帰省ときに、次男に向かって敬語で会話することから）」などです。大切なのは、「軽度・中度・重度認知症」といったように利用者を大まかな評価でくくってしまわないことです。わかる人、わからない人、わかる場所、わからない場所は人それぞれです。認知機能の障害の理解についても"個別化"が大切です。

もう一つ大切なことは、物忘れなどの症状は、人として受け入れがたいという事実です。「自分が自分でなくなるような気がする」「大切な人までも忘れてしまうのか……」という認知症の人

☞ チェックリストは20ページへ

の叫びを聞いたことがあります。利用者の尊厳を守る意味でも、精神機能の評価は"焦らず"、"ゆっくりと"を心がけましょう。

　コミュニケーションをとおして生活の様子から把握できる精神機能の評価項目と評価のしかたについては、チェックリストに具体的な方法を挙げていますので、ぜひ参考にしてください。

身体機能と体（構造）の評価

　視覚、聴覚、嗅覚、味覚、触覚といった感覚（五感）は、人が生活していく上で必要な基本的な感覚です。これらの感覚機能については、日常の活動を見て評価します。たとえば、人の顔がどの程度見えているか、新聞の文字はどの大きさまで読めるか（視力）、どのくらいの声（音）の大きさまで聞こえているか（聴力）、食事についての感想（味覚）といったことからわかってきます。

　咀嚼・嚥下機能は、詳細については専門医の診断を必要としますが、日常の食事の様子を観察することで、その日の体調や食材による咀嚼や飲み込みの状態の違い、食事形態についての検討の必要性などは判断することができます。また、残歯の状況、入れ歯が合っているかどうか、舌苔の付着等は、おいしく食事を食べること、誤嚥性肺炎等の予防においてとても重要です。

　手指の巧緻性（器用さ）や肩の関節可動域はADLやIADLに大きく影響します。ボタンを留める動作、筆記、更衣動作や家事動作、体操のバンザイ動作等を観察することで評価します。また、両手で握手して強く握ってもらうと、握力や左右差がある程度把握できます。リハビリの専門職に相談する目安にもなります。

　体幹や下肢の筋力は、臥床した状態から立位、歩行までの複合動作を観察することである程度評価することができます。また立位姿勢で体幹の重心が前にあるか後ろにあるか、さらには筋力の左右差によって、前後左右どちらに転倒する可能性が高いかがあ

る程度予測できます。

　身体の痛むところ、かゆいところもしっかりと把握しておきましょう。いくら活動性が高まっても、体を使いすぎることで関節等の痛みが増したのでは逆効果です。また、かゆみは想像以上にQOLを低下させます。不眠や多動につながることもあります。

　私たちが身体機能のアセスメントをするときに犯しがちな間違いは、障害のみに視点を向けてしまうことです。「左麻痺」「下肢筋力低下」などです。「左麻痺＝右半身は動く」、「下肢筋力低下＝杖で歩けるぐらいの筋力は保持できている」、「難聴＝耳もとで話せば聞こえる」ということです。このような現有機能の評価の視点も忘れないようにしましょう。

　また、事故や手術による身体の欠損や傷、病気や過用による変形（手指、足指、膝等）についても評価する必要があります。手術等による身体の欠損は人に見られたくないのが普通です。入浴のときなどは特別に配慮しなければならない場合があります。大きな変形は、現在痛みがなくても将来出てくる可能性があるので注意しましょう。

専門的評価は
リハビリテーション専門職に

　今後の生活のなかでの利用者の改善可能性とリスクの予測を立てるために、心身機能について一定の評価ができるようになりましょう。しかし、ケアマネジャーは心身機能のプロではありません。リスクや予後の予測がよくわからないと感じたときは、ＰＴ（理学療法士）、ＯＴ（作業療法士）、ＳＴ（言語聴覚士）等のリハビリテーション専門職に専門的評価を依頼しましょう。

☞ チェックリストは20ページへ

6 アセスメント④

活動（ADL・IADL）

活動（ADL・IADL）は利用者の「生活の質」に直結する重要な領域です。具体的には、基本動作（寝返り、座る、歩く、持ちあげる、押す、ねじる等）、入浴、食事、排泄、更衣、整容といったADL、調理、洗濯、掃除、金銭管理、仕事、受診、趣味活動といったIADLなどの生活行為、つまり「生活上の目的をもった、一連の動作からなる具体的な行為」のことです。利用者の生活を理解し、支えていくためには、活動のアセスメントは欠かすことはできません。

ADL（日常生活動作）

人は、起き上がる、立ち上がる、歩く、持ちあげるといった活動の基本となる動作を複合的に組み合わせながら、お風呂に入り、食事をし、家事や仕事をこなしています。どのような目的で、どのような活動を、どこでどのように行っているのかは個別性そのものです。入浴にしても、食事にしても、人により目的も方法も少しずつ異なります。入浴が大好きな人は、入浴を「一人でリラックスできる時間・場所」と感じているかもしれません。しかし、あまり好きではない人にとっては、単に「体をきれいにする行為に過ぎない」ということもあるでしょう。ADLひとつとっても、利用者によってその行為の持つ意味が違うのです。したがって、ADLを把握する際には、その人にとっての「意味」も

同時におさえておく習慣をつけましょう。

「活動」のなかでもコミュニケーションは、すべての活動や役割の基盤となる、とても大切なものです。コミュニケーション障害には気分障害、認知障害、失語、構音障害、難聴などさまざまな要因があります。どのような障害がからみあっているのか、しっかりと評価する必要があります。

IADL（手段的日常生活動作）

　IADLは、家族がいる場合は純粋な「活動」というよりも「役割」を伴うことが多くなります。調理や洗濯、家の修繕、庭掃除等は「家族のための活動」です。これらの活動が制限されることは役割の喪失につながり、それが心のQOLを低下させます。逆に言うと、失われたIADLの回復には、家族としての役割の復権という大きな意味があることを知っておきましょう。

　また、利用者の24時間は人それぞれです。利用者が朝起きてから夜眠るまで、就寝している時間も含めて24時間の暮らしをイメージできるようになりましょう。さらに、暮らしは季節ごとにも微妙な変化を見せます。春夏秋冬のリズムや変化についても理解しておきましょう。

「活動」は環境の中で評価する

　活動の状況は環境に大きな影響を受けます。たとえば、介護者の有無、家屋の構造、経済状況などです。入浴という活動で考えると、居間の椅子や寝室のベッドから立ち上がり、パジャマや下着をタンスから取り出し、廊下を歩いて脱衣室のドアを開け、衣類を脱いで浴室のドアを開け、浴槽のふたを取り、浴室の椅子に座り、お湯を汲んでかけ湯をし……、というように一連の複合動作として理解しますが、その複合動作の内容は介護者や段差の有

☞ チェックリストは24ページへ

無などの環境によりまったく違ってきます。

　一般的なアセスメントシートや情報提供書では、ADLを自立、半介助、全介助の３段階で評価していることがほとんどです。これは利用者のADLの目安（状態像のイメージ）を簡潔に把握する点では有用でも、個々の利用者の状態に合ったケアプランを作成するための情報としてはほとんど用をなしません。「立ち上がり」ひとつをとっても、居間の座椅子から立ち上がるのか、ベッドから立ち上がるのか、風呂の椅子から立ち上がるのかでは、容易さ（困難さ）がそれぞれに異なります。ADLは生活の場面ごと（環境ごと）に評価する必要があります。

「援助を要する活動」「できる活動」を「している活動」へ

　活動は①「（生活場面で実際に）している活動」と②「（生活場面で）支援を要する活動」、③「（今はしていないが、やろうと思えば）できる活動、（日常生活ではしていないが、リハビリテーションや機能訓練場面では）できる活動」、④「（今はしていないが将来は）する活動（目標）」といった整理ができます。

　デイケアのリハビリテーションでは一本杖歩行（できる活動）、日常生活では介助歩行（している活動）とすれば、プランの目標は「ふだんは介助歩行（している活動）だが、先々は一本杖歩行（（将来）する活動）をめざす」と整理することができます。

　また、長年包丁を持ったことがなかった認知症の女性が、久しぶりに包丁を握るととても上手にネギを刻むことができたといった例はよく耳にしますが、この場合、「包丁を使う」という活動は「（最近はしていなかったが、しようと思えば）できる活動」となります。継続的な調理の支援ができれば、「包丁を使う」という「できる活動」を「している活動」に回復できる可能性がで

てきます。グループホームではよく見られる事例です。

　活動のアセスメントの際には、「できる活動」＝「今持っている力（隠れている力）」を見極め、どうしたら日常生活で「している活動」に高めることができるかを考えます。「活動」が改善すれば、「役割」が増える可能性がでてきます。また「心身機能」も改善していきます。そうなれば心理面でも、「私も少しは役に立てるんだ」と思えるようになります。それが認知症や気分障害を改善するのです。「活動」の改善は、人の心やQOLに大きく影響します。

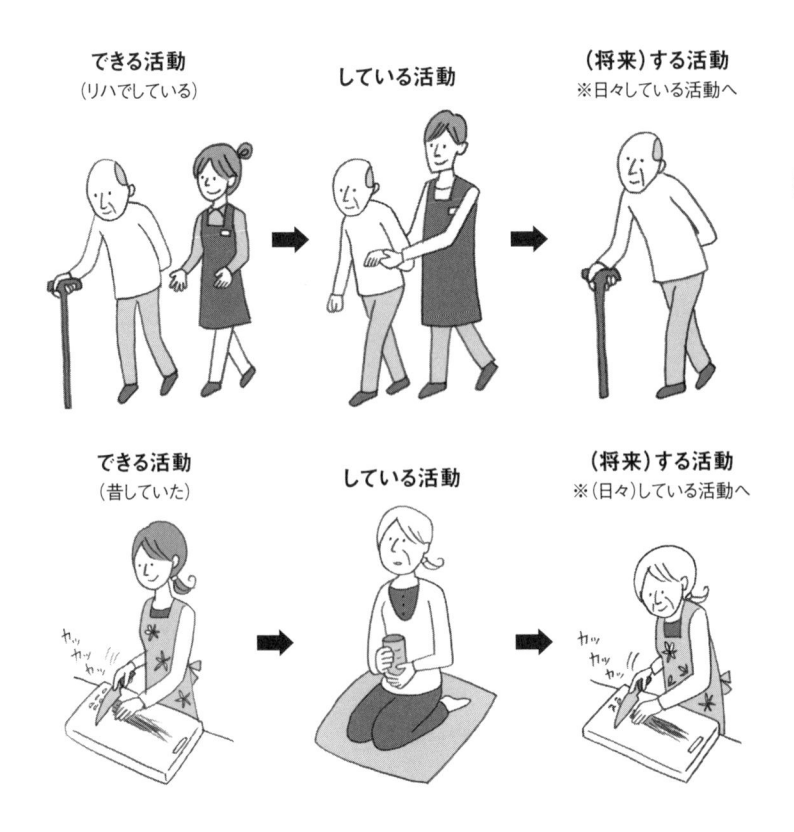

できる活動
（リハでしている）

している活動

（将来）する活動
※日々している活動へ

できる活動
（昔していた）

している活動

（将来）する活動
※（日々）している活動へ

☞ チェックリストは24ページへ

7 アセスメント⑤

役割（参加）

「役割」の意味

　私たちは入浴、食事、排泄、睡眠などの命を維持するための生理的な欲求に基づく活動をもとに、子育て、仕事、趣味、教育文化活動、社会活動など、周囲の人々とのかかわりのなかでさまざまな活動を行います。同時にそこには、父親や母親、職場の同僚、趣味仲間、学友、ボランティア仲間などといった「役割」が存在します。人は他の人との関係性のなかで役割をもつことで、自分が生きている「意味」を感じることができるのです。

　たとえば、自分のために料理を作ることは一つの「活動」ですが、家族のために料理を作ればそこに「妻として、母としての役割」が生じます。あるいは、誰かと一緒にコーヒーを飲むだけでも「家族として、友人としての役割」が生まれます。「寝たきりの夫だけど、この家にいてくれるだけで安心」ということばを介護をしていた奥様から聞いたことがあります。このことばを聞いたとき、人は存在するだけで「役割」があるんだなぁ、と深く納得しました。

　人は役割を果たしていると感じたとき、「私も役に立てるんだ」「ここにいてもいいんだ」といった"自分を肯定的にとらえることができる気持ち＝自尊心"が芽生えます。それはまさに心のQOLが高まった状態といえます。人は「持ちつ持たれつ」の互

恵的な関係性が一番心地よく感じます。一方的に与えられる立場になると、自尊心が大きくゆらぎます。特に、今までできていたことが支援なしにはできなくなったり、支援してくれる相手に疲れが見えたりすると、無力感や喪失感に悩まされます。そして「自分はいないほうがいい」「必要のない人間だ」などと自分自身を否定してしまうのです。

　アセスメントの際には、利用者が日常生活のなかで行っている活動がどのような役割を担っており、利用者自身にとってどのような意味をもつのかを把握することが大切です。

「役割」がQOLを高める

「役割」は"心のQOL"を高めるという話をしましたが、それだけではありません。たとえば机を拭く、仏壇の世話をする、庭の草取りをする、こういったほんの小さな役割でも「活動」につながり「心身機能」を活用します。つまり「役割」は"見えるQOL"にも好影響を及ぼすのです。アセスメントの際には、新たな「役割」が加わったら、「心身機能」のどこを使って、どのような「活動」を行うようになるのかを考えましょう。

認知症の人は「役割」がリハビリに！

「役割づくり」はリハビリテーションという意味でも大きな力を発揮します。認知症のためにリハビリテーションの目的を理解するのが難しかったり、超高齢のため意欲が続かない利用者であっても、その方がどのような性格で、過去に何に打ち込んできたか、何が好きかといった個性をアセスメントするなかで、興味を示し、楽しんで無理なくすることができる「役割」が見つかれば、QOL全体の改善につなげることができます。キーワードは"昔やっていた！"と"楽しみながら、無理なく！"です。

☞チェックリストは26ページへ

8 アセスメント⑥
個性

「個性」を尊重する

　すべての人はそれぞれに「個性」をもっています。世界中のどこにも「同じ人」はいません。これは誰もが当然わきまえている平凡な真理ですが、残念ながら支援の現場ではともすれば忘れられがちな事柄でもあります。ケアマネジャーには利用者の個性を尊重する姿勢が不可欠であることを、まず心に刻みましょう。

　そのうえで押さえておかなければならないことは「個性は他の人との優劣を競うものではない」ということです。たとえば、性別、人種、年齢も個性です。これらはすべての人が持ち合わせていますが、日本人だから、外国人だから、若いから、高齢だからといったことに優劣はありません。「元気で活発」「おとなしい」といった気質や「社交的」「人見知り」といった性格も個性ですが、それぞれに優劣があるわけではありません。

　また、「感謝の気持ちを忘れない」といった生きる上での考え方や「誰にもしっかりと挨拶をすることにしている」といったライフスタイルも個性です。

　個性を知る上で特に重要なのは「生活史」です。自慢話や辛い体験、どのように生きてきたか（人生が一番輝いていた「華の時期」や反対に「どん底だった時代」など）を少しずつ聞かせていただきましょう。ただし、誰しもそうですが、生活史でも特に辛

かったこと、悲しかったことなどは「この人になら話してもいいかな」「この人に聞いてもらいたいな」と思って初めてことばになります。特に最初のうちは、支援に必要なこと以外は無理に聞き出そうとせずに、信頼関係づくりを心がけましょう。

また、「父親を早く亡くした経験が今の自分に育て上げた」という人もいれば、「父親が早く亡くならなければこんなに苦労しなかった」という人もいます。過去の同じような体験でもとらえ方は人さまざまであることを理解しておきましょう。

"語れない人"の個性は「日々の観察」と「生活史」から

では、認知症や重度の身体障害等で、自身の思いを十分に語れない利用者については、どのように個性を理解すればいいのでしょう。それは、"観る"と"聴く"しかありません。日々の語りや表情を観察することにより、どのようなことが"快"で、何が"不快"なのかを知ることです。BPSDも一つの"語り"です。表情、ちょっとした仕草、叫び声なども、心のQOLを表す"語り"です。利用者をしっかりと観察することにより、個性を知ることができます。

また、家族から利用者の生活史を聞かせてもらい、利用者の「人となり」を理解することで、今を輝かせるためのヒントが見つかることもあります。語れない利用者の内面に寄り添おうとするあなたの真摯な姿勢は、家族との信頼関係を深めていくことにもつながっていくでしょう。

☞ チェックリストは28ページへ

9 アセスメント⑦

環境

家族や地域住民との関係性を理解する

「環境をアセスメントする」というと、家の中の段差や階段、道路状況、会社や病院などの物理的な環境を考えがちですが、家族や友人、隣人、同僚などの人的な環境や医療保険や年金などの制度的な環境もアセスメントの対象になります。

人的環境で特に重要なのは家族です。まず理解しておかなくてはならないのは、家族は直接介護を担うインフォーマルな「社会資源」という側面と、利用者と共に生活する「要援護者」という側面の両方を持ち合わせているということです。単純に「介護して当たり前の社会資源」と見なさないようにしましょう。

家族を理解する上で大切なのは、介護という問題も含めて家族関係のなかで理解することです。利用者が一番頼りにしている人は誰か、家族が集う中心は誰か、誰が決定権を持っているのか、家族のなかでも誰と誰が仲がいいのか、反対に仲が悪いのかといった関係性の理解が重要です。また、たとえ利用者との関係性が悪い家族であっても、「100％困った家族」という見方はやめましょう。家族のもつよいところは必ずあるものです。

また、家族以外の友人や近隣などの地域との関係性も把握しましょう。利用者はその地域で長い間生活してきた歴史があります。そのなかで地域住民としてどのように生きてきたのかを知ること

は、利用者の「現在」を理解する上で非常に大切なことです。

制度・経済状況を把握する

　制度の活用状況は利用者の生活を大きく左右する重要な環境要因です。医療保険の種類や障害者施策の活用状況、自治体独自の福祉施策の利用状況などは、過不足のないサービス提供を行うためにもケアプランを作る前段階で把握しておきたい情報です。

　経済状況も利用者の暮らしに大きくかかわる要素です。どの程度まで自己負担できるかは、ケアプランの内容にも影響します。はじめから収入や貯蓄を聞かせていただくのは難しいと思いますが、年金の種類などは早めにおさえておきたいところです。

暮らしの跡は物理的環境に刻まれる

　利用者が日々過ごしている自宅には、文字通り「暮らしの痕跡」が刻まれています。電話機やゴミ箱の位置は、利用者が無理なく動ける範囲を教えてくれます。廊下に置いてある小さな椅子は、移動の途中でひと休みするためのなくてはならない生活道具なのかもしれません。このように、利用者の生活動線を「動画」として思い描き、身体機能と照らし合わせて、物理的環境が利用者に無理や危険な動きをもたらしていないかどうかを評価する習慣をつけると、アセスメント力が一段と高まっていくでしょう。

　また、何気なくテーブルの上に置かれているもの、壁に掛かっているもの、書棚に並んでいる本などは、利用者の趣味や嗜好といった内面までも雄弁に語ります。壁に掛けられた表彰状やよく見える場所に置かれた写真からは、利用者の自尊心の源泉や愛情を注いでいる相手を知ることができます。面接のなかで折を見てそれらに話を向けると、生き生きとした表情でお話を伺えるかもしれません。利用者理解がより深まる瞬間です。

☞チェックリストは 30 ページへ

10 ニーズを導きだす

「3つのニーズ」の合意をめざす

ニーズをどのように導きだすか

ニーズには「利用者の感じる（ことばで表す）ニーズ」「家族の感じる（ことばで表す）ニーズ」「専門職が専門知識や経験値から導きだすニーズ（規範的ニーズ）」の3つがあります。ケアプランには、これら3つのニーズを調整した「合意されたニーズ」を記載することになります。

ここでいう「合意されたニーズ」とは、「利用者、家族の両方が納得できるもの」であると同時に「利用者、家族のプラスになるもの」であり、さらに「ケアマネジャーの規範的ニーズからも合意できるもの（専門的見立てからも、利用者、家族両方のプラスになるもの）」でなければなりません。自らのことばでニーズを語れない利用者については、非言語のコミュニケーションをしっかり観察（観る、聴く）するとともに、家族から生活史や好みなどを教えてもらうなかで、アドボカシー（代弁・権利擁護）にてニーズを導きだした上で家族の同意を得て「同意されたニーズ」とします。

このニーズの導きだしのプロセスが頭の中で整理でき、利用者や家族、多職種にわかりやすく説明ができるようになりたいものです。このプロセスがクリアに理解できることが、ケアプラン立案がサクサクとはかどるポイントのひとつです。

ニーズをことばで伝えることができる利用者のニーズの導きだし方

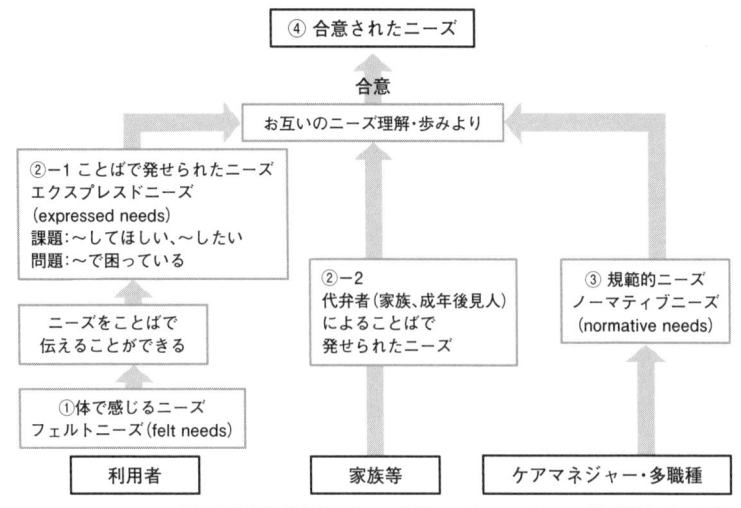

④ 合意されたニーズ

合意

お互いのニーズ理解・歩みより

②-1 ことばで発せられたニーズ
エクスプレスドニーズ
(expressed needs)
課題：〜してほしい、〜したい
問題：〜で困っている

ニーズをことばで伝えることができる

①体で感じるニーズ
フェルトニーズ（felt needs）

| 利用者 |

②-2 代弁者（家族、成年後見人）によって発せられたニーズ

| 家族等 |

③ 規範的ニーズ
ノーマティブニーズ
(normative needs)

| ケアマネジャー・多職種 |

※この図では、代弁者とケアマネジャーのフェルトニーズは省略しています。

ニーズをことばで伝えることが困難な利用者のニーズの導きだし方

④ アドボカシー（代弁・権利擁護）により合意されたニーズ

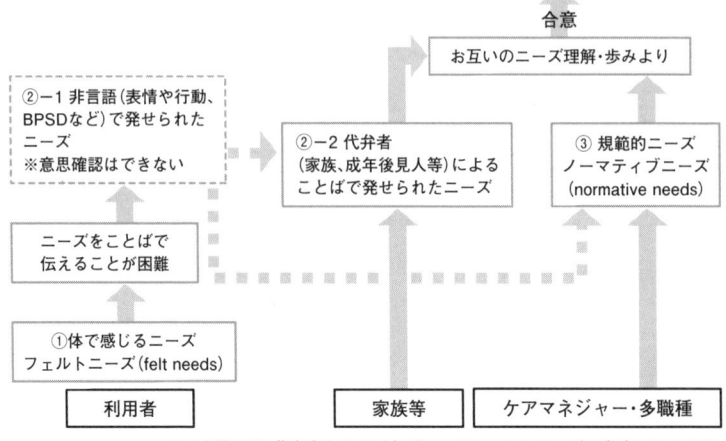

合意

お互いのニーズ理解・歩みより

②-1 非言語（表情や行動、BPSDなど）で発せられたニーズ
※意思確認はできない

②-2 代弁者（家族、成年後見人等）によることばで発せられたニーズ

③ 規範的ニーズ
ノーマティブニーズ
(normative needs)

ニーズをことばで伝えることが困難

①体で感じるニーズ
フェルトニーズ（felt needs）

| 利用者 |

| 家族等 |

| ケアマネジャー・多職種 |

※この図では、代弁者とケアマネジャーのフェルトニーズは省略しています。

☞ チェックリストは 32 ページへ

ニーズがぶつかりあう場合

　先述のように、ケアプランには利用者・家族・ケアマネジャーの三者が「合意したニーズ」を掲載するわけですが、実際には利用者と家族のニーズがぶつかりあって折り合いがつかなかったりして、ケアプランにニーズとして記載することができない場合があります。たとえば、尿臭で家族は困っているのに利用者が気づいていない、働きかけても否定される、怒るなどして支援をさせてもらえないといった場合です。この状態でケアプランに無理やり記載し、利用者に「あなたは尿失禁がある」という事実を突きつけることは、自尊心を著しく傷つけ、心のQOLを低下させることにもなりかねません。

　このように、利用者と家族の利益がぶつかりあったり、利用者や家族がことばで表したニーズが利用者や家族にとってマイナスになったり、ニーズ（希望）が高すぎて達成することが不可能な場合などには、私たちケアマネジャーが規範的ニーズを提示して修正していく必要があります。利用者や家族の自己決定を尊重しながら、利用者・家族に働きかけて、双方の自己決定の着地点を見出していきます。

どうしても合意が得られない場合

　とはいえ、現実的には利用者や家族に働きかけはするものの、どうしても承知してもらえず合意が得られない場合もあります。その場合は、ニーズとしてケアプランに記載することはできません。このようなときは、サービス担当者会議等を通じて働きかけの経過をチーム内で共有し、利用者や家族に理解してもらうよう引き続きアプローチをしていきます。あわせて、働きかけの経過を必ず居宅介護支援経過（第5表）等に記載しておきましょう。

「アセスメントにおける7つの領域」からニーズを整理する

　ここまでアセスメントを進めてきた7つの領域（①利用者の思い、②健康（病気）、③精神機能・身体機能・身体構造、④活動（ADL・IADL）、⑤役割、⑥個性、⑦環境）のそれぞれにおいてニーズを導きだすポイントをチェックリストに整理しています。ぜひ参考にしてください。

時間軸でニーズを把握する

　アセスメントでは利用者の平均的な24時間を把握することが重要です。利用者の暮らし方を具体的に思い浮かべてみると、見落としていたニーズに気づくことがあります。時間軸でニーズをチェックする習慣をつけましょう。

ニーズに迷ったら専門職へ

　ケアマネジメントは多職種協働で利用者を支えるところに特徴があります。ケアマネジャーの周囲にはさまざまな専門職がいます。医療については医師や看護師、薬のことなら薬剤師、リハビリについては理学療法士や作業療法士、日常の生活や家族の関係性についてならヘルパー等です。ニーズを導きだす際に迷いがでてきたら、その道のプロに相談するのが一番です。迷いや不安を覚える場合は「たぶんこうだろう……」と自分で判断せずに、周囲の専門職に相談しましょう。

☞ チェックリストは32ページへ

11 ケアプラン作成の基本的考え方

暮らしを輝かせる

ケアプランは利用者のもの

　ケアプランの具体的な立案に入る前に、自立支援型ケアプランを作成するには、どのような条件を満たす必要があるのかを考えてみましょう。

　たとえば、みなさんが病気で入院し、何らかの障害をもちながら退院したとします。さまざまな悲しみと不安を抱えるなかでケアマネジャーが決まり、在宅生活の再スタートです。その立場に立ったとき、ケアプランはどうあってほしいでしょうか。ニーズが専門的に分析され、サービス内容が整理されているのは当然のこととして、それ以外に求めるものは何かと考えると、"少しでも未来につながる"、あるいは"希望が持てる"内容かどうかではないでしょうか。

　利用者や家族がケアプランを見て、「このケアマネジャーは私たちのことをよく理解してくれている」「確かにこんなことできたらいいよなぁ、ちょっとだけがんばってみるか」と思えるのは、利用者の思いや不安に寄りそった、信頼関係がさらに深まっていくような内容のときでしょう。

　ケアプランは、援助職者の立場からのアセスメントや申し送りシートではありません。これからの暮らしをどう組み立てていくかを利用者、家族、援助職者が一緒に考え、計画し、共有するた

めのものです。したがって、それぞれが何をしていくのか、どのように支援を受けられるのかが、利用者や家族の気持ちに配慮し、わかりやすく記載されている必要があります。

尊厳を守る

たとえば、「(あなたは)認知症」といった利用者自身が受け入れたくないこと、「(あなたは)半身麻痺」といった本人にはわかりきった状態、あるいは家族を失うなどの喪失体験がケアプランに記載されていたとしたら、利用者はどのような気持ちになるでしょうか。自分がその立場に立ったと想像すると、鮮明に理解できるでしょう。

また、難しい専門用語や専門職然とした言い回しの文章を見せられても、利用者にしてみれば「よくわからない」というのが本音ではないでしょうか。専門用語は命にかかわる医療ニーズがあるような場合を除いては、なるべく使わないようにしましょう。

ケアプラン作成の10のポイント

「自立支援型ケアプラン」を作成する際に、「ニーズの抽出」「目標の設定」「サービス内容の組み立て」すべてに応用できるのが、以下の10のポイントです。

① 自尊心を高める

人は他人とのかかわりのなかで、良い意味で依存しあって生きています。感謝し、感謝される、つまり"お互いさま"のなかで、誰もが自尊心を芽生えさせ、それが生きる意味へとつながります。ここでいう自尊心とはプライドではなく、"今の自分を肯定的にとらえることができる"ということです。高齢になり、時に喪失体験を重ね、役割が果たせなくなると、自分が存在すること

☞ チェックリストは 38 ページへ

の意味も見失いがちになります。ケアマネジャーは利用者の持つ強さを見いだし、活かすことで"自尊心"を高めるケアの組み立てをする必要があります。合い言葉は「ありがとう」です。このことば以上に自尊心が高まるものはありません。かかわる人々が、利用者に「ありがとう」と声をかけることができる場面づくりを心がけることが大切です。

② 自己決定を尊重する

　人はこれから何をするのかを心に決めて実行に移します。重度の身体機能障害で、自分で行うことが難しくても、「決めることはできる」という人も多くいます。「決める」という行為は、心のQOLを大きく高めます。たとえば、他の人に買い物の内容まですべてまかせてしまうのと、本やチラシで欲しい商品を選んで買ってきてもらうのでは満足度が違います。実際にお店に買い物に行けば、さらに満足度は高まります。このような小さなことでも、心のQOLを高めることは可能です。重度の障害をもった人でも、生活場面や内容によっては自己決定が可能であることを心に留めましょう。

③ 現有能力を活かす

　アセスメントの「活動」のところでふれましたが、活動には「している活動」と「できる活動」があります。「している活動」とは、日常生活で実際に行っている活動のことをいいます。「できる活動」とは、ひとつは、「(以前していて今はしていないけど、やろうと思えば) できる活動」です。もうひとつは、「(日常生活ではしていないけど、リハビリ室や機能回復訓練では) できる活動」です。リハビリ室では理学療法士に介助してもらいながら歩いているけれど、日常生活では車いすを使っている人であれば、「で

きる活動」は介助歩行、「している活動」は車いす自操となります。まずはこのような「できる活動」を「している活動」に移行させていく視点をもちましょう。さらには「（現在は）支援を要する活動」であっても、日常生活のなかで「している活動」まで高めていくことを目指すことが大切です。このように、生活のさまざまな場面で、利用者の現有能力を引き出す視点をもつことが大切です。

④ 役割をつくる

　誰ともかかわりなく生きることは健康とはいえません。人は他者とのかかわりのなかで役割をもつことを生涯の欲求としています。"歩く"という活動で考えてみると、もしあなたが広場をひとりで黙って1時間歩けと言われたら、これほど退屈なことはないでしょう。でも食事をするために、気のおけない友人と店まで一緒に歩くとしたら、歩くこと自体が楽しみとなります。何が違うのかというと、そこに他者がいるかどうか、つまり「友人としての役割」があるかどうかです。役割があるだけで、人は楽しんで活動ができ、無理なく心身機能の改善につながる取り組みができるようになります。

　認知症の利用者にリハビリの目的を説明し、「毎日平行棒内を10往復しましょう」と提案しても継続することが難しい場合があります。しかし、「お友達と一緒に散歩に行きましょう」という提案であれば、楽しみながらの歩行訓練が可能となり、継続性が高まるでしょう。高齢で意欲が湧かない、認知症でリハビリそのものを理解することが難しいといった利用者の機能の回復に、この"役割づくり"は効果絶大です。

☞ チェックリストは38ページへ

⑤活動と役割づくりを通じて心身機能を改善する

　③の「現有能力を活かす」ことと、④の「役割づくり」の最終目的のひとつに心身機能の維持・改善があります。たとえば、「している活動」が増えたことにより筋力が改善して転倒リスクが軽減したり、役割をもつことで「ありがとう」のキャッチボールが始まり、お互いの感謝やねぎらいが自尊心を高め、少しずつBPSDが改善されることがあります。

　私たちは急性期リハビリテーションのPTやOTのように心身機能へ直接アプローチするのではなく、生活場面での「している活動」や「役割」を通して機能の回復を目指しています。維持期（生活期）にかかわることの多いケアマネジャーの守備範囲の中心は「活動」と「役割」をどんどん増やすことにあります。そして、「活動」や「役割」が増えれば、「心身の機能」を使う場面も増えるということを理解しておきましょう。

⑥利用者のいる環境のなかで活動を考える

　サービスの導入や福祉用具が利用者の活動性を低下させてしまうことがあります。たとえば、デイサービスやショートステイといったサービス環境は、人的にも物的にもバリアフリーです。ところが、このバリアフリーには問題もあるのです。たとえば、自宅では入浴の際に一生懸命自分で体を洗っていても、デイサービスではすべて介助してもらえます。そのほうが安楽ですし、満足度（心のQOL）は上がるかもしれません。しかし、中長期的にみると利用者の「活動」を奪っていることになります。

　自宅では注意しながら段差を越えて生活していても、ショートステイ利用中はバリアフリーです。その環境の違いが身体機能を使う"がんばり"を失わせてしまう側面もあります。このように、サービスには在宅での「している活動」を奪う側面があることに

注意し、失う活動をどのように担保するのかを考えていく必要があります。

⑦ 個別化(個性を活かす・ケアの個別化)を意識する

個性とは、性別、年齢、人種、性格、物事の考え方、習慣、生活歴や体験などから出来上がってくるものです。その人を個別の存在としてとらえるための大切な要素です。好き嫌い、自分だけの決めごと、得手不得手、自慢話、思い出なども個性を形づくるものであり、それらのことを教えてもらうことで利用者理解が深まっていきます。利用者が「自分のためのプラン」と感じ、意欲的な生活を送れるようになるには、このような個性をケアプランに活かすことがカギとなります。特に生活史は重要です。アセスメントはまず利用者の"今"を聴くことを基本としますが、その"今"はこれまでの生活史によって作られています。これからの人生を良くしていくために活かせる過去の楽しい出来事、あるいは人生を揺るがすような問題をどのように乗り切ってきたかなどを聴かせてもらうことは欠かせません。

もうひとつ重要なのは「ケアの個別化」です。アセスメントの際に利用者の状態像を自立、半介助、全介助の3段階でとらえることがありますが、利用者の「している活動」や「援助を要する活動」は人それぞれです。入浴や排泄などの一つひとつについて、プロセスのどこが自立していて、どこに支援が必要なのかを明確にすることにより、より個別化されたプランとなります。

⑧ 健康面や環境面から発生するリスクを予測し注意をうながす

社会の中で生きていくということは、多くのリスクにさらされることでもあります。ガスや電気を使用する、車で外出すると

☞チェックリストは38ページへ

いった、ほんの身近な活動でさえ事故の可能性を100％排除することはできません。生きていくためには、常にリスクと向き合わなくてはならないのです。

　安全・安心の視点のみで利用者を徹底管理すれば、リスクを最大限軽減することはできるでしょう。しかし、それでは利用者の希望や望みを反映したプランにはならないでしょう。できる限り利用者の自己決定を尊重し、自由に活動してもらおうと思えば、必然的にリスクが増します。かといって、専門職としてはリスクを放置するわけにはいきません。

　私たちは、"自立を支援する視点"を持ちながら、一方で"安全・安心に配慮"する必要があります。ことばを変えると、"自己決定の尊重"と"生命を守るための管理"のバランスをはかることが求められます。自立を支援するには、疾患や障害から起こるかもしれないリスク（たとえば疾患や痛みの悪化）、置かれた環境から起こるかもしれないリスク（たとえば転倒、虐待）、周囲の人々に起こりうるリスク（たとえば介護疲れ、家族不和）をしっかりと予測し、利用者と支援する援助職者などに注意をうながしていく必要があります。

⑨利用者・家族の理解力と心のQOLに配慮する

　ケアプランは利用者のものです。利用者や家族に、自分自身が何をしなくてはならないのか、どのような支援を受けられるのかがわかりやすく記載されていなければなりません。専門用語や専門職然とした表現を使うのではなく、利用者や家族の年齢や理解力などに合わせた表現が求められます。「わかりやすく記載されていて、内容をわかりやすく説明できること」こそが、ケアマネジャーの専門性なのです。

　また、認知症の認識がない利用者、受け入れることができない

利用者や家族もいます。このような利用者・家族にとって、ケアプランに「認知症」と記載されることは、心のQOLに悪影響を与えます。疾患名はチーム内の他職種にはアセスメントシートやサービス担当者会議で申し送られるので、ケアプランにあえて記載する必要はありません。

　生活史にも同様の注意が必要です。人生はさまざまな苦難を伴います。自分の身に置き換えてみると、サービス担当者会議で自分の生活歴が読み上げられ、多くの人に聞かれることは心地よいとは思えません。ケアに必要な部分は別として、他はアセスメントシートで申し送れば十分です。

　もちろん、すべての情報をオブラートに包むように表現すればよいというわけではありません。かかりつけ医の意見書などで疾患の状態が「不安定」と評価されているような場合や、誤嚥性肺炎などの感染症を起こしやすい疾患など、医療リスクが高く管理が常に必要なケースについては、しっかりと疾患名や処置の方法を記載しなければなりません。また、命を守ることが最優先されるようなケース、ターミナルで緩和ケアが中心となるようなケースでは、ケアプランの内容も臨機応変に変化させる必要があります。このようなケースに記載される専門用語については、利用者や家族にわかりやすく説明するように心がけましょう。

⑩ 情報開示を意識した文章表現をする

　⑨と関連しますが、ケアプランは援助職者だけでなく、利用者・家族が常に目を通す公式記録です。利用者の尊厳が守られていることは当然のことですが、利用者や家族にわかりやすい、ていねいな文章表現が求められます。

☞チェックリストは38ページへ

12 ケアプラン立案の実際①
第1表の作り方

利用者及び家族の生活に対する意向

利用者の"語り"がケアプランの中心

「利用者及び家族の生活に対する意向」欄では、「意向を明確化」して「大事なことはそのまま書く」ことが求められています。利用者の"語り"にしっかりと耳を傾け、思いを言語化する必要があります。「大事なことはそのまま書く」ことは、利用者の心のQOLを尊重するということです。利用者がどのような現実世界に生き、どのような思いでいるのかを理解したうえで、困りごとであれ、望む暮らしであれ、心のQOLを表している"語り"をそのまま記載します。「利用者主体」と「尊厳の保持」という"援助職者としての態度"の表明ともいえます。また、利用者と家族の意向は違います。別々に記載するようにしましょう。

「意向」は信頼関係や援助関係が深まるなかで変化するかもしれません。利用者や家族のことばで大切だと思うことは、経過記録などに書きとめておくとモニタリングの際に役立ちます。

漠然とした「意向」は細かく刻もう

利用者は時に「夫婦で安心して暮らしたい」といった表現をされます。現在の"望む暮らし"の到達点として、このような表現になることも理解できます。「意向」として、そのまま記載する

のも一つの方法ですが、"望む暮らし"を明確にし、かかわる家族や多職種に理解してもらうには、より具体的にしていきたいところです。生活に不安材料があるから「安心して暮らしたい」わけですから、利用者に「どのようなことが不安か教えていただけますか?」と尋ね、不安の内容を具体的にしていきましょう。生活の場面ごとに不安の材料を整理できれば、"目に見えるQOL"としてよりわかりやすく、共有しやすくなります。

「意向」に関する留意事項

「意向」は利用者の"思い"をなるべくそのまま記載します。ですが、そうすると時に利用者の"思い"が利用者自身にとって不利益になることがあります。たとえば、糖尿病であるにもかかわらず、「もう先が短いんだから好きなようにお酒を飲みたい」といった場合です。他にも、利用者と家族の利益がぶつかりあったり、麻痺の改善は見込めない状況にもかかわらず、「リハビリして体をもとに戻したい」と希望されるような場合です。

このようなときの対応法として、ひとつは利用者の思いを尊重し、そのまま記載する方法があります。ただし、利用者や家族の不利益にならないことが前提です。記載することで家族とトラブルになることがないように注意する必要があります。

もうひとつは、ケアマネジャーの規範的ニーズによって修正して記載する方法です(この場合は利用者の合意が必要となります)。利用者や家族の不利益になることが明らかに予想できる場合は、話し合って修正することも考えましょう。

ただし、利用者が強い意志を持って意向を主張されるのなら、最終的には自己決定を尊重し、「このような不利益になることがありますよ」としっかりと伝え、家族にも理解を求めた上で記載することもあります。

☞ チェックリストは 42 ページへ

事例 1

A氏　女性　90歳
要介護度2　認知症自立度：自立　障害自立度：B1

利用者及び家族の生活に対する意向

本人：「家にいても一日は長い。人なかに出て、話をしたり体を動かして過ごすほうが楽しい」「歩かんようになると動けんようになる」「ひ孫がかわいい」

家族：「自分の身の回りのことをしてくれてありがたい。食事もしっかり食べ、デイやショートで人と話をしたり、体を動かしたりして楽しんでいるみたいです。ころばないように気をつけて、できるだけ今のままでいてほしいと思っています」

　Aさんは認知症もなく、しっかりと自分の思いを伝えることができます。Aさんが最も価値をおいている日々の生活や、大切なひ孫についての思いを、語りそのままに記載しています。この意向はAさんが、ことばで表したニーズです。家族の意向も利用者の利益を尊重するものとなっています。

事例 2

B氏　男性　80歳
要介護度1　認知症自立度：Ⅱa　障害自立度：A1

利用者及び家族の生活に対する意向

本人：「これまで仕事をしながら地域で少年野球の監督、高校野球の審判をしてきた。大変だったが野球が好きだ。また野球チームがつくれたらいいな」

妻：「生きていくなかでいろいろなことを経験してきた。一生懸命に働き子どもを育ててきた。辛いこともあったが子どもたちがいろいろと心配をしてくれ恵まれている。どんな辛い時にも笑顔を絶やさず、家族で暮していきたいと思う」

　Bさんは中等度の認知症があります。現状の理解は不十分ですが、社会性があり、話を向けると心血を注いできた少年野球の話をぽつぽつと語ってくれます。「意向」にはBさんの野球に対する思いをそのまま記載しています。Bさんの現実世界ではまだ野球は人生の中心にあるようです。現状とはかけ離れた思いが含まれていますが、Bさんにとって野球は自尊心を高めるための大切な生活史です。Bさんがどのように生きてきたか、何に価値を見いだしてきたかを多職種で共有し、ケアの実践場面で活かしてほしいという意味も込めて記載しています。

☞ チェックリストは42ページへ

> 事例 3

C氏　女性　90歳
要介護度5　認知症自立度：M　障害自立度：C2

利用者及び家族の生活に対する意向

本人：しっかり目を開けておられる時や体調のよい時は楽しそうにお話をされたり、おいしそうに食事をされています。長男○氏の声かけによい表情を見せられます。

家族：「これまで夫婦二人で何とか暮らしてきたが、父が亡くなり、これから私たちで母の介護をしていこうと思う。上手にサービスを使いながら無理なく長続きできるようにしていきたい」

　Cさんは重度の認知症と身体機能障害があります。構音障害もあり意向をことばで確認することができないので、Cさんと日々かかわるなかで表情やしぐさを観察し、"心のQOL"が高いと思われる生活場面について記載（ケアマネジャーから"見えるQOL"でそのまま表現）しています。加齢や心身機能障害でニーズを十分に語れない利用者については、どのような活動時やケア場面でいい表情が見られるのか、また反対に苦痛や拒否的な表情を浮かべるのかを観察します。このような非言語のコミュニケーションを注意深く観察することは、心のQOLを少しでも理解するためであり、利用者の尊厳の保持と権利擁護の態度のあらわれです。「意向」に記載することによって、かかわる多職種にも同様の意識や観察力を求めることも目的の一つにしています。

> 事例 4

D氏　男性　65歳
要介護度5　認知症自立度：自立　障害自立度：C2

利用者及び家族の生活に対する意向

本人：「人と話がしたい」「自分で一生懸命に頭の体操をしている」「前向きに生きていたい」

家族：「介護をしていくのは私ひとりであり、自分の健康にも注意していきたいと思っている。少しは気分転換も必要だと思うけどなかなかできない。今後はそのような時間を作りながら一緒に生活していきたいと考えています」

　Dさんは難病で、妻の介護を受けながらの在宅生活です。年齢も若く、さまざまな思いが交錯する毎日です。そのなかから今の思いをあらわしている代表的なことばを記載しています。一方妻は、夫に対する思いやりを見せながらも、介護に明け暮れる日々の孤独感や健康不安について語っています。このケースは、Dさんに妻の現状についてある程度の理解があることを前提にして、妻の思いを記載しています。気をつけなければならないのは、あまりに介護の辛さを強調し過ぎると、Dさんがプランに目を通したときに、「ああ、自分はいないほうがいいんだ」と、自尊心に悪影響を及ぼすことがある点です。

　利用者と家族の"ことばで表したニーズ"が反発しあう場合などで、ストレートに記載するとお互いの関係性までも壊しかねないような場合は、双方が理解しあえる範囲にとどめ、記載し難い部分については「居宅介護支援経過」（第5表）で共有します。

☞ チェックリストは42ページへ

● 総合的な援助の方針

「総合的な援助の方針」は、第2表の「長期目標」を総合化した内容となるように「長期目標の設定後に記載する」こと、また「利用者を含むケアチームが目指す共通の方針である」ことが求められています。

ケアマネジャーはアセスメントからニーズを導きだし、第2表の「解決すべき課題（ニーズ）」に優先順位をつけながら記載したうえで、ニーズに対して何をゴールとするのかを「目標」として明確にします。この目標は生活場面ごとの目標で、個々の目標が達成されて初めて"望む暮らし"の実現性が高まっていきます。

"望む暮らし"は利用者や家族のことばの上では、時に漠然としたイメージであったり、あるいは具体的な活動や役割であったりとさまざまです。

「総合的な援助の方針」欄には、第2表の個別ニーズに沿った援助方針やサービスメニューを書き連ねるのではなく、「これからこんなふうに生きていきたい」という、長期目標を統合した総合的な目標として"望む暮らし"を言語化します。そのうえで、その暮らしを実現していくための支援の方針を記載します。イメージとしては「利用者の望む暮らし＋援助の方針」です。

> 事例1
>
> A氏　女性　90歳
> 要介護度2　認知症自立度：自立　障害自立度：B
>
> ## 総合的な援助の方針
>
> Aさんは人なかに出て、おしゃべりや体を動かすことを楽しみにされています。またひ孫さんがお生まれになられて、家の中がにぎやかになったことを大変喜んでおられます。Aさん、ご家族も望んでおられるように、足の力が弱らないよう、またこれからも家族みんなで健康に過ごせるように一緒に考えさせていただきたいと思います。
>
> ※緊急連絡先　B氏（長男）　090-0000-0000　C氏（次男）090-0000-0000

病状の変化や事故の可能性が高い場合や、高齢世帯等の理由等により急を要する事態が発生しそうな場合には、この「総合的な援助の方針」に緊急連絡先を記載し共有しておきましょう。

☞チェックリストは 42 ページへ

事例2

B氏　男性　80歳
要介護度1　認知症自立度：Ⅱa　障害自立度：A1

総合的な援助の方針

○○町からこちらに引っ越してこられ、ご夫婦、家族の皆様とともに力を合わせて生活をされてきました。これからも笑顔を絶やさず家族で暮らしていくために、奥様が心配されているBさんの病気が悪くならないように一緒に考えていきましょう。また、Bさんがこれからもお元気でいられるよう、また大切にされている野球の思い出に少しでも触れることができるようにスタッフ全員でかかわりを考えていきたいと思います。

緊急連絡先　A氏（長男）　090-0000-0000　C氏（長男の妻）　090-0000-0000
○○医院：D医師（日中）079-000-0000　（夜間19時以降）090-0000-0000

ケアマネジャーは利用者に対して支持的・共感的でなければなりません。ケアプランのなかで、ケアマネジャーが利用者や家族に対する"支持的・共感的な支援の態度"を唯一表わすことができるのが、この「総合的な援助の方針」です。「ケアプランの基本的考え方」のところで、ケアプランは利用者の思いや不安に寄りそった、信頼関係を深められるような内容であることが求められると書きましたが、その中心がこの部分です。チームで支援の態度を共有する意味でも大切なところです。

事例3

C氏　女性　90歳
要介護度5　認知症自立度：M　障害自立度：C2

総合的な援助の方針

Cさんは、体調のよい時には笑顔が見られ、楽しそうにお話をしていただけます。しっかりとCさんの様子を見させていただき、Cさんに少しでも心地よいと思っていただけるようにお手伝いさせていただきます。

ご家族様も一生懸命介護されています。お疲れの時や、何か困りごとがでてきたときには、遠慮なくご相談ください。無理なく介護が続けていけるように一緒に考えていきましょう。

Cさんは重度の心身機能障害で自分の思いを語ることはできません。Cさんの心のQOLを少しでも理解するためには、表情などの非言語のコミュニケーションや生活史からヒントを得るしかありません。このようなアプローチについて、ご家族にも理解していただけるようにさりげなくメッセージを送っています。

加えて、ご家族に対し、Cさんに対する思いや介護についての支持的な態度（頑張っておられますね、ちゃんと見ていますよ）のメッセージも記載しています。

☞チェックリストは42ページへ

13 ケアプラン立案の実際②

第2表の作り方

● 生活全般の解決すべき課題（ニーズ）

ニーズをポジティブに表現するとは

ケアプランを作る際には、なるべくニーズを「〜したい」と意欲的に表現することが推奨されています。しかし、現場のケアマネジャーに「ケアプランのどういったところに悩みますか？」と尋ねると、たびたび返ってくるのが、「要望を出してくれる利用者はいいけど、会話ができない人のニーズを記載する際に、どのように書けばいいのかわからない」という意見です。たしかに、利用者が言ったわけでもないのに「〜したい」などと、まるでその人の心の中をのぞいたかのようにニーズを記載することに抵抗を感じるのはよく理解できます。

しかしたとえば「生活全般の解決すべき課題（ニーズ）」に、「認知症のために服を着ることができない」「脳梗塞のために右麻痺の状態で、一人でお風呂に入れない」などと記載されていたら、利用者や家族はどのように感じるでしょう。たとえそれがわかりきった事実だとしても、このように突きつけられると、自尊心（心のQOL）が傷つきます。また尊厳にかかわる問題ともいえます。そういう意味では「原因」や「問題」を記載しないという考え方はとてもよいことだと思います。

とはいえ、抑うつ状態でがんばりがきかないのに、「○○した

い」「○○したい」とニーズに書かれたらどう思うでしょう。「がんばれ、がんばれということか……、しんどいことがわかってもらえていない」といった気持ちになるのではないでしょうか。これもある意味、尊厳への配慮が欠けているといえます。大切なことは、"利用者の気持ちに寄りそった表現を心がける"ことです。つまり、利用者の気持ちに寄りそっていれば、「○○したい」「○○で困っている」のどちらもありなのです。

「解決すべき課題（ニーズ）」は優先順位の高いものから記載する

アセスメントにもとづいて導きだされた個別のニーズは、第2表に優先順位をつけて記載する必要があります。ただ、優先順位は利用者によって異なるため、「これ！」という法則はありません。たとえば利用者を中心に置く（利用者の主体性の尊重）考え方においては、利用者の"思い"が一番強いニーズを最優先するという視点があります。一方、家族の"思い"を尊重しなければならないケースもあります。また、病気治療中の利用者であれば命を守ること、つまり医療ニーズを最優先するという視点もあります。他にも、生きがいを求めている利用者なら役割（参加）の

ポジティブなニーズ表現の思考の整理

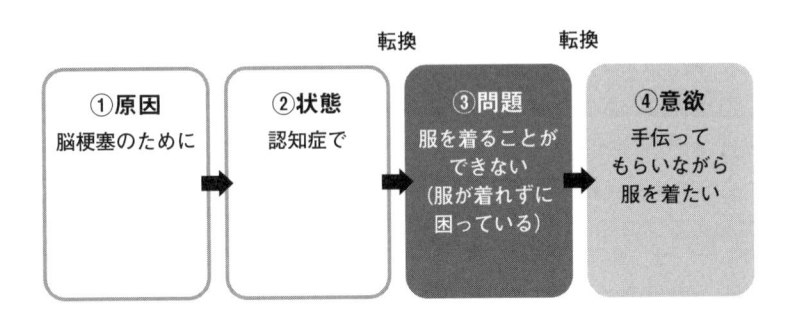

①原因　脳梗塞のために　→　②状態　認知症で　→（転換）　③問題　服を着ることができない（服が着れずに困っている）　→（転換）　④意欲　手伝ってもらいながら服を着たい

☞チェックリストは46ページへ

ニーズが最優先される、転倒リスクが非常に高い場合なら下肢筋力の改善と手すり等の環境整備が最優先されるといったこともあるでしょう。利用者の"思い"や病気、障害程度やADLの向上等のさまざまな個別ニーズを比較するなかで順位を決定していきましょう。

● 長期目標・短期目標

「目標」を整理する

　ケアプランの目標設定をする上での注意点は、次の３つです。
（１）「利用者の目標」であること
「目標」はあくまでも利用者にとっての目標でなければなりません。援助する側の目標にならないよう注意しましょう。
（２）利用者ニーズから具体化されたもので、達成可能であること
　時々利用者の目標（要望・希望）が高みにありすぎて、とうてい達成が見込めないようなプランを目にします。このような場合は、高い目標を見据えつつも段階を踏むよう働きかけ、まずは現実的な高さに目標を設定する必要があります。
（３）目標は「心身機能（の改善）」や「活動（ADL・IADL）」「役割（参加）」などの"見える QOL"で設定する
　"見えるQOL"で設定することにより、本人、家族、サービス担当者にわかりやすく示すことができ、同時にサービス内容の組み立てがしやすくなります。仮に「長期目標：安心して生活できる」「短期目標：不安が解消できる」といった目標にした場合、どのような状態になれば「安心して生活ができる」のかがよくわかりません。さらに「生活」という24時間が対象となっている

ために、いざ「サービス内容」を組み立てる時点で混乱してしまいます。また、評価の軸が明確ではないため、適切なモニタリングができないという欠点も抱えています。

「目標」を設定するときには、利用者の"見えるQOL"がどのように変化したのかが、誰の目から見ても（客観的に）評価できる目標になるよう留意しましょう。

「ニーズ」と「目標」の基本的理解

Eさん：女性　認知症なし

解決すべき課題 （ニーズ）	長期目標	短期目標
安心して歩けるようになりたい。	近所の○○公園まで安心して散歩できる。	家の周囲を安心して散歩できる。

利用者Eさんへのアセスメントで、「こけないように（転倒しないように）歩きたいのよ」ということばが聞かれました。ケアマネジャーが「安心して歩くことができたら何がしたいですか？」と尋ねると、Eさんは「すぐ近くに○○公園があってね、以前はそこに散歩に行くのが楽しみだったの」と言われました。

ケアマネジャーは理学療法士とEさんの歩行を評価した結果、半年後には散歩が可能と判断しました。そこで長期目標を「近所の○○公園まで安心して散歩できる」とし、短期目標を「家の周囲を安心して散歩できる」としました。

この流れを整理すると、ニーズは利用者のことばで発せられたニーズを基本としています。アセスメントの結果、「安心して歩きたい」というニーズの先にある生活習慣として「楽しみとしての散歩」を目標とし、ステップアップ方式で短期目標と長期目標の設定をしました。

☞ チェックリストは46ページへ

Fさん：女性　認知症なし　気分障害（抑うつ）

解決すべき課題 （ニーズ）	長期目標	短期目標
歩きにくくて困っている。	家の中を安心して歩くことができる。	少しずつ足の力をつける。

　Eさんの事例とは少し異なり、利用者Fさんは抑うつ的で、「歩きにくくてね、困っているの」とお話されます。意欲も持てず、今は少しずつ活動量を増やすところから始めるのが精一杯の様子です。

　ニーズには「安心して歩けるようになりたい」といったFさんの今の様子にはそぐわない意欲的な表現から少しトーンを落とし、語りそのままに「困っている」ことを表現しています。

　歩きにくくて困る現状において、長期目標は家の中の安定歩行を目標としました。短期目標はFさんの負担感に配慮し、ステップアップ方式で少しずつ下肢の筋力をつけることを目標として設定しています。

　ニーズや目標の表現をポジティブにするか、または利用者の心理面に配慮して少しトーンを落として表現するかは、日々のかかわりのなかで利用者の"今（心のQOL）"を理解し、判断していきます。

アドボカシー（代弁）によるニーズ表現

　次の事例は、パートで働きながら介護する長女と二人暮らしの穏やかな認知症の女性です。ケアマネジャーはアセスメントの際にさまざまな質問を試みましたが、どのような質問にも笑顔で「はい、はい」と言われるだけで、唯一ことばで表現されるニーズは「あー痛い、痛い（膝をさするしぐさをしながら）」だけです。

長女は「最近少し食事の量が減ってきたようです」とお話されました。長女との面接から、Gさんは昔から社交的な性格で誰とでも仲良くなれる方で、特に近所に昔から仲のよい友人が2人いるという情報も得ています。

　ほとんどのニーズは、ケアマネジャーのアドボカシーによるニーズを長女に提案し、合意を得て立案しました。

Gさん：女性　※重度の認知症で意思（自己決定）の表明ができない

解決すべき課題 （ニーズ）	長期目標	短期目標
①膝の痛みをなくしたい。	家の中を楽に歩くことができる。	膝の痛みがやわらぐ。
②友人と楽しくおしゃべりをしたい。	友人と楽しむ時間を持つ。	友人の○○さん、□□さんと家で茶話会を楽しむ。
		サービス利用時に新しい友人をつくりおしゃべりを楽しむ。
③おいしくご飯が食べたい。	娘とおいしくご飯を食べる。	娘とおいしくご飯を食べる。

　ニーズ①は、Gさんが「膝をさすりながらの痛みの訴え」という非言語のコミュニケーションで表したニーズを基本に、表現を意欲的に転換して記載しました。短期目標は膝の疼痛緩和を目標にし、長期目標ではGさんの現状をふまえ、痛みがやわらいだ先にある屋内歩行の安定を目標としました。これらの目標はケアマネジャーの規範的ニーズから導き出し、長女の合意を得たものです。

☞チェックリストは46ページへ

ニーズ②は、長女から得られたＧさんの「個性と生活史」の情報をもとに、①と同様にケアマネジャーの規範的ニーズを基本に設定しました。目標についても、①と同様にケアマネジャーが提案し、長女の同意を得ています。

　ニーズ③は、長女がことばで表したニーズを基本に記載しています。目標については①②と同様です。

　この３つのニーズは、どれも長女とケアマネジャーどちらかのニーズを基本に両者で話し合って導きだしたニーズであり、アドボカシー（代弁）によるものです。つまりＧさんの"語り"から導きだしたものではありません。

　注意しなくてはならないのは、ケアプラン上のニーズ表現は、利用者のことばから導き出したニーズなのか、ケアマネジャーのアドボカシーによるニーズなのか、見分けがつかないことです。ケアマネジャーはチームのメンバーに共通認識をもってもらうためにも、ニーズを導きだしたプロセスをしっかり理解しておきましょう。

利用者ニーズと家族ニーズのバッティング

　軽度認知障害の利用者Ｈさんは、糖尿病ですが、「夜中にお腹がすいて眠れないときに甘いものが食べたい」と訴えます。介護者である長男の妻は「もってのほか」と一切認めようとはしません。ケアマネジャーとしても介護者同様、要望をそのまま認めるわけにはいきませんが、Ｈさんの気持ちも尊重したいと考えています。

　つまりこの事例は、Ｈさんの「甘いものが食べたい」という"自己決定（の尊重）"と、「（認知障害のある利用者Ｆさんの）糖尿病の管理」という"利用者の利益・福祉（を守る）（この場合は命を守る）"という倫理がぶつかりあっています。

このようなケースは日常的に見られ、みなさんもケアマネジャーとしてどのようにバランスをとるか日々悩まれていることでしょう。この事例においては、Hさん、介護者、主治医と相談しながら、「血糖値の管理をしながら、カロリーの低いおやつを食べる」という合意されたニーズが導きだされました。

Hさん：女性　軽度認知症

解決すべき課題（ニーズ）	長期目標	短期目標
夜中にお腹がすいたときに甘いものが食べたい。	病気の管理をしながら決めた量の甘いものを楽しむ。	血糖値の管理をする。
		おやつはカロリーの低いものを相談して選ぶ。

　「甘いものが食べたい」と利用者Hさんがことばで表したニーズをそのまま記載することにより、自己決定を尊重しています。それに対し長期目標は、「Hさんの自己決定（の尊重）」と「利益・福祉（を守る）」のバランスを保ちながら、着地点として「病気の管理をしながら決めた量の甘いものを楽しむ」としました。短期目標では「血糖値の管理」を続けながら「カロリーの低いおやつを選ぶ」としています。

　このように合意がどうにか導きだせるケースはよいのですが、たとえば介護で疲労し生活維持が困難な家族と短期入所を拒否する利用者のケースなどの、双方の要望が明らかにぶつかりあうような場合は、ニーズの合意点を見いだす際に双方もしくは一方がストレスにさらされます。このようなケースでは、ケアマネジャーには「ニーズを導きだすプロセスの理解」と「ニーズと目標について説明できる力」が特に求められます。

☞ チェックリストは46ページへ

サービスは目的ではなく手段

「デイサービスが楽しみ。とにかくデイサービスに行きたいの！」とお話される利用者を担当したことがありました。そこまで言うならニーズ欄に「デイサービスに行きたい」と記載してあげたい気持ちになります。しかし、利用者の本当の目的は「デイサービスに行くこと」そのものではないはずです。行った先に何かの楽しみがあるはずです。「デイの何が楽しみですか？」と尋ねると、「おしゃべり」「お昼ごはん」「レクリエーション」など、さまざまな答えが返ってきました。

　このプロセスは、利用者がデイサービス利用に感じているニーズを深く掘り下げて、利用の目的を確認していることになります。サービスそのものは目的ではなく、あくまでも手段です。ニーズ欄には記載しないように注意しましょう。

Iさん：男性　軽度認知症

解決すべき課題 （ニーズ）	長期目標	短期目標
デイサービスに行くのが楽しみ。	デイサービスを楽しむ。	デイサービスを楽しむ。

↓

解決すべき課題 （ニーズ）	長期目標	短期目標
友人とおしゃべりを楽しみたい。	気の合う友人とおしゃべりを楽しむ。	気の合う友人とおしゃべりを楽しむ。

本人の語りを尊重する

「そばにいてよ」と、いつも誰かを探して、手を握って不安を訴えられる重度の認知症の女性がいます。この女性の唯一のこのことばと表情から、混乱と不安に常にさらされていることが見てとれます。このことばを最大限に尊重することが、この女性の尊厳を守ることになると考えました。

Jさん：女性　重度認知症

解決すべき課題 （ニーズ）	長期目標	短期目標
「そばにいてよ」	穏やかに過ごすことができる。	笑顔や会話が増える。

　このケースは、ニーズに「〜したい」とは表現せずに、語りそのままに「そばにいてよ」と記載しています。このことばに対し、長期目標では、この女性の強い不安を少しでもやわらげることを強調するために、「穏やかに過ごすことができる」としました。しかし、「穏やかに過ごす」とは、この女性の"心のQOL"を表す目標であり、ケアマネジャーや他者から見た"見えるQOL"としての評価が難しいという側面があります。そこで短期目標では、より具体的な目標として、「笑顔や楽しい会話が増える」としました。これが「穏やかに過ごす」ことの具体的な"見えるQOL"の状態です。

☞ チェックリストは46ページへ

Kさん：女性　認知症なし　独居

解決すべき課題 （ニーズ）	長期目標	短期目標
何かあったらどうしようと不安です。	何か困ったときにはすぐに連絡がとれる。	携帯電話は必ず首にかけておく。
		サービスが入らないときは民生委員さんかお隣のBさんに顔を見に来ていただく。
		朝の6時と夜の9時には長女Cさんに携帯電話に電話してもらう。

　この事例は要介護1の高齢独居の女性Kさんです。日々の不安に対し、長期目標では「困ったときに連絡がとれる」とし、さらに短期目標を3つに分けて整理しました。その際、「活動」と「役割」で具体化し、利用者と援助者の両者が何をすべきかが一目でわかるようにしています。こうすることで、以降の「サービス内容」の設定もしやすくなります。

● 期間

　期間の設定のしかたは具体的には示されていませんが、認定有効期間も考慮するものとされています。認定有効期間は新規の場合には原則6カ月（3カ月から12カ月の範囲で拡大可能）、更新の場合は原則12カ月（3カ月から24カ月の範囲で拡大可能。介護予防から要介護への区分変更の場合には12カ月の範囲まで）とされています。たとえば、退院後の初回プランであれば、在宅生活の適応状況の不確実さや状態の変化が予測されるので、目標期間を比較的短くし、同時にモニタリングをまめに繰り返す場合

もあります。「短期目標」が3カ月、「長期目標」が6カ月といった設定です。ケアプランの一番右側に記載する「サービス提供の期間」は「短期目標」の期間に合わせるのが一般的ですが、住宅改修や福祉用具の導入などの至急準備しなければならないようなサービス内容では個別に短く設定することがあります。

「期間」は利用者の状態で決める

　維持期（生活期）で生活機能が安定したケースであれば、期間を比較的長く設定することも可能です。しかし維持期（生活期）であっても加齢に伴って生活機能の低下が認められるようであれば、期間を短めに設定することもあります。利用者の生活機能が改善する可能性や、逆に悪化する可能性を見極めて期間設定をすることが大切です（事業所の重要事項説明書で見直し期間の基準が設けられている場合があるので確認しておきましょう）。

● サービス内容

なるべく専門用語は使わない

「サービス内容」の欄では「専門用語」や「専門職然とした言い回し」はなるべく避けます。利用者や家族にわかりやすいことが真の専門性なのです。ただ、利用者の医療ニーズや、ターミナル期の利用者などについては、治療や緩和ケアがプランの中心になります。このような場合は、ケアのポイントを明確にしておかないと取り返しのつかない結果になることも考えられますので、専門用語が登場するのもやむを得ないでしょう。そのかわり、使用した専門用語についてはしっかりと利用者・家族に説明をしましょう。

☞ チェックリストは46ページへ

●「サービス内容」の実際

"自分の力""家族の力"を活かす

今から紹介する事例は、利用者や家族の力をフルに活用した事例です。"利用者・家族が何をするか"をわかりやすく記載しているため、「サービス内容」に少しボリュームがあります。

Lさん：女性　要介護2　左麻痺　認知症なし　夫との二人暮らし　※日常では四点支持杖歩行、リハビリテーション場面では見守りによる一本杖歩行

解決すべき課題（ニーズ）	長期目標	短期目標	サービス内容	サービス種別
以前のようにスーパー○○に買い物に行けるようになりたい。	スーパー○○に一本杖で買い物に行ける。	一本杖歩行に慣れるとともに、足の力をつける。	①デイサービスで入浴やトイレに行くときなどは「一本杖歩行」で歩行しましょう。②その際、支援者が必ず左側から介助し、移動を支援します。	Lさんデイサービス
			③機能訓練では起立訓練を実施し、足の筋力をつけることを目指します。機能訓練プログラムを作成します。デイに申し送ります。	訪問リハケアマネジャー

			④膝の痛みに注意します。	
		一緒に散歩を楽しむ。	①足の筋力と膝の痛み、歩容の評価を一緒にします。	Lさん 訪問リハビリ
			②四点支持杖にて一緒に散歩します。	
			③歩行を評価しながら一本杖への移行を目指します。	
			④玄関前の坂に注意します。	
			①訪問リハビリがないときは四点支持杖で家の周囲を散歩しましょう。	Lさん 夫
			②歩行時は必ず左横から見守りをしてください。	
			③玄関前の坂に注意しましょう。	
			④あくまでもご主人の無理のない範囲で行いましょう。	

短期目標:「一本杖歩行に慣れるとともに、足の力をつける」

サービス種別:「Lさん、訪問リハビリ」

サービス内容:

「①デイサービスで入浴やトイレに行くときなどは「一本杖歩行」で歩行しましょう」

利用者Lさんは、ふだんは「四点支持杖」で歩行しています。これが「(日常生活で)している歩行」です。それに対し、デイサービス利用中には「見守りによる一本杖」で歩行しています。これ

☞チェックリストは46ページへ

が「（リハビリ場面等だけで）できる歩行」です。デイサービス利用中に一本杖歩行の訓練を行うことにより、一本杖歩行を「（日常生活で）している歩行」にすることを目標にしています。

「②その際、支援者が必ず左側から介助し、移動を支援します」
　転倒リスクがあるため、歩行の見守りについて具体的に指示して注意喚起しています。

「③機能訓練では起立訓練を実施し、足の筋力をつけることを目指します」
　一本杖歩行の安定を目標に、足の筋力に直接アプローチするプログラムを組んでいます。プログラムについては訪問リハビリのＰＴに作成を依頼し、ケアマネジャーが申し送る役割になっています。

「④膝の痛みに注意します」
　歩行訓練や機能訓練により膝の痛みが出る可能性を指摘しています。利用者に膝の違和感などがないか確認しながら訓練するよう求めています。

短期目標：「一緒に散歩を楽しむ」
サービス種別：「Ｌさん、訪問リハビリ」
サービス内容：
「①足の筋力と膝の痛み、歩容の評価を一緒にします」
　訪問リハビリに下肢筋力と膝の痛み、歩く姿についての定期評価を依頼しました。ＰＴに歩行、起立訓練の効果を専門的に評価してもらうことが目的です。

「②四点支持杖にて一緒に散歩します」
　訪問リハビリのＰＴと四点支持杖歩行の訓練を散歩という形で実施します。「している活動」である四点支持杖歩行の安定と下肢筋力の強化を目標にしています。一般道路という環境を活用して、実際の生活のなかでの実用歩行を高めるという目的があります。

「③歩行を評価しながら一本杖への移行を目指します」
　散歩をしながら、四点支持杖による歩行と下肢筋力、膝の痛みなどの評価をしてもらい、現在デイサービス利用時にとどまっている「できる歩行」である一本杖歩行による散歩を、先々の目標としています。「一本杖で歩けるようになりますよ」というメッセージでもあります。

「④玄関前の坂に注意します」
　転倒リスクのための注意喚起です。

短期目標：「一緒に散歩を楽しむ」
サービス種別：「Ｌさん、夫」
サービス内容：
「①訪問リハビリがないときは四点支持杖で家の周囲を散歩しましょう」
　「サービス種別」を見ると、「Ｌさん、夫」となっています。つまり「自助・互助」の実践です。「夫婦で一緒に散歩」という「活動」の背景には、"妻としての「役割」"があることを理解しておきましょう。この「役割」が散歩することのモチベーションを高めるのです。

☞ チェックリストは 46 ページへ

「②歩行時は必ず左横から見守りをしてください」
「③玄関前の坂に注意しましょう」
　転倒リスク、環境リスクに対する注意喚起です。

「④あくまでもご主人の無理のない範囲で行いましょう」
　これはご主人に対する配慮です。義務的になり、無理をして事故につながっては大変です。あくまでも、無理なく、楽しくが基本です。介護者の疲労や負担感等のリスクに対する注意喚起です。

「サービス内容」作成に活かそう！"10のポイント"

　「11 ケアプラン作成の基本的考え方」で説明をした「自立支援型ケアプラン作成のための10のポイント」の考え方が最も発揮できるのが、「サービス内容」です。ここで挙げた事例も10のポイントにもとづいて整理しています。

　ケアプランが自立支援型になるかどうかは「サービス内容」がカギを握っています。「サービス内容」はサービスメニューを書き連ねる欄ではありません。「サービス内容」に記載されなければならないのは、「利用者がどのようにやる気になり（やる気を引き出し）、何をして、それを周囲の人々が、どのようなところに注意しながら、どのように支援していくのか」です。さらに、そのために「利用者、家族、多職種で共通認識しておかなければならないこと」を記載するのです。ここのところをしっかりと押さえておきましょう。つまり「サービス内容」は、自立に向けての支援のエビデンス（根拠）を明確にする部分なのです。そういう意味では、ケアプランで最もスキルが求められ、また重要なのは「サービス内容」の組み立てであるといえます。

自立支援型ケアプラン作成のための10のポイント（再掲）

① 自尊心を高める
② 自己決定を尊重する
③ 現有能力を活かす
④ 役割をつくる
⑤ 活動と役割づくりを通じて心身機能の障害を改善する
⑥ 利用者のいる環境のなかで活動を考える
⑦ 個別化（個性を活かす・ケアの個別化）を意識する
⑧ 健康面や環境面から発生するリスクを予測し注意をうながす
⑨ 利用者・家族の理解力と心のQOLに配慮する
⑩ 情報開示を意識した文章表現をする

☞ チェックリストは46ページへ

14 ケアプラン立案の実際③

第3表の作り方

週間サービス計画表

　作成年月日は第1表、第2表と同様に、ケアプランの同意を得た日を記載します。第2表で位置づけられたサービス及びインフォーマルな支援もすべて記載します。「短期入所」「居宅療養管理指導」「福祉用具貸与」「娘A氏の訪問」などの週単位以外のサービスについては、下欄の「週単位以外のサービス」欄に記載します。

　「主な日常生活上の活動」欄には、利用者の平均的な1日の過ごし方を記載します。ADL等の基本的な活動のほか、日課として行っている活動や役割などを記載することにより、利用者の生活の24時間365日を見直すきっかけにもなります。

　また、見守りの空白時間などのリスクの多い時間帯を確認することもできます。パソコンソフトでケアプランを作成する場合は、サービス入力画面でサービス設定をすると、第6表の「サービス利用表（兼居宅サービス計画）」のほか、「週間サービス計画表」や「月間サービス計画表」を自動作成してくれるものも多いので、このような予定表を持参し、居間の壁に貼るなどの工夫をすれば、利用者もサービスを把握しやすくなります。

第3表

週間サービス計画表

作成年月日 25 年 4 月 1 日
作成者 J

利用者名 A 殿　　　　　　24 年 5 月分より

時間	月	火	水	木	金	土	日	主な日常生活上の活動
深夜 4:00								
早朝 6:00								起床、更衣
8:00								朝食、歯磨き (仏壇のお参り)
午前 10:00								居間で過ごす (テレビ観賞等)
12:00	通所介護II32			通所介護II32				昼食
14:00								居間で過ごす (テレビ観賞等)
午後 16:00		訪問介護身体2						散歩
18:00								入浴 居間で過ごす
夜間 20:00								夕食 居間で過ごす (テレビ観賞等)
22:00								就寝準備、歯磨き
深夜 24:00								就寝
2:00								
4:00								

週単位以外のサービス：訪問リハビリテーション(1回／2週間)、移送サービス、病院受診、歯科受診、ポータブルトイレ(自費購入)、シャワーチェアー(自費購入)
※作業療法士の評価により、段差解消、手すり設置、福祉用具の導入等の検討

(注)「日課計画表」との選定による使用可。

15 ケアプラン見直しの視点
「ニーズ」と「目標」の変化をとらえる

● ケアプランの再作成

ケアプランが固まりサービスが始まると、ケアマネジャーは利用者のニーズに変化がないか、サービスが効果的に提供されているか等について継続的にモニタリングを行い、大きな変化があった場合にはケアプランの再作成を行う必要があります。ここでは、ケアプランの見直しについて「ニーズ」と「目標」の変化という観点から考えていきます。

「健康」と「心身機能」が変化したとき

利用者のニーズはどのようなときに大きく変化するのでしょうか。一番わかりやすいのは、命に直接影響するニーズ、つまり健康状態の変化です。病気の再発や、新たな病気の発症により医療ニーズが追加されます。病気によって心身の機能が低下すれば、機能回復のためのリハビリテーションニーズが追加されることもあります。同時にADL、IADL支援といった生活ニーズも追加されるでしょう。心身機能の変化に合わせた環境改善の必要もでてきます。このように、健康の悪化に伴うニーズの変化は一番わかりやすいといえるでしょう。

しかしケアマネジャーがキャッチしなければならない変化は、健康の悪化だけではありません。たとえば、徐々に心身の機能が衰えてくることによりニーズが変化することもあることを知って

おきましょう。

利用者の生活が改善したときにもニーズは変化する

　ニーズが変化するのは健康や生活が悪化したときだけではありません。改善したときにもニーズは変化します。健康状態や心身機能の改善を見過ごし、同じ内容でサービスが継続しているとしたら、過剰なサービスが利用者の力が増すチャンスを奪ってしまっている可能性があります。利用者の持つ力が増せば、支援の量を減らせる可能性が出てきます。同時に新たなチャレンジに対するニーズが生まれる可能性もあります。利用者の健康や生活が悪化したときのニーズに比べて、改善したときのニーズは見えにくいのが特徴です。利用者の力がアップする絶好の機会を見逃さないようにしましょう。

「利用者や家族の気持ち」が変化したとき

　一生懸命リハビリをしている利用者がいます。再び安心して歩けるようになることを目標に半年もがんばってきたのに、思うように効果があがりません。しだいに利用者は落ち込み、投げやりな言葉が聞かれるようになってきました。支える家族も、できるだけ自宅で介護したいと考えて努力してきましたが、最近では介護疲れで気持ちが続かなくなってきたのか、ついつい利用者に当たるような言葉が聞かれると同時に、「そんな自分が嫌だ」と訴えられます。ケアマネジャーは、このような気持ち（心のQOL）の変化も見過ごしてはいけません。見た目（見えるQOL）に変化がなくても、早い対応が求められる場合があります。利用者や家族としっかりコミュニケーションをとり、気持ちの変化に伴うニーズの変化をいち早く察知しましょう。

☞ チェックリストは 52 ページへ

「環境」が変化したとき

　ある日訪問すると、介護者（長男の妻）がサービスを減らしたいと要望されました。お話を聞かせていただくと、大黒柱である長男がリストラで失業してしまったとのこと。他にも、単身赴任で家族が離れ離れになったり、孫娘が結婚して家を出ていったり、仲の良い友人が亡くなったり、介護者が病気になったり、家を建てて引越しをした、いつも買い物していた店が廃業したなど、たとえ利用者自身に大きな変化がなくても、利用者を取り巻く環境が変化することによってニーズも大きく変化します。特に家族の変化は、内容によっては利用者や介護者が打ち明けにくいこともあります。しっかりとアンテナを張り、時にはケアマネジャーのほうから問いかけて、利用者や家族が話しやすいように誘導しなければならないこともあります。

専門職が気づくニーズ変化

　利用者や家族が気づかなくても、ケアマネジャーや支援する多職種がそれぞれの専門性から新たなニーズに気づくことがあります。病気や廃用症候群で非常にリスクが高いにもかかわらず利用者も家族もその認識が低いといったことや、介護疲労等で虐待に抵触するような状況が見えてきているのに、利用者も家族も気づいていないといったことがあります。このように、利用者や家族が認識できていないなかで、専門性からニーズを導きだした（規範的ニーズ）場合は、新たなニーズの存在を利用者や家族に伝える、先輩ケアマネジャーや多職種、地域包括支援センター等に相談するといった対応が求められます。

● ケアプランの微調整

「ニーズ」と「目標」に変化はなくても「サービス内容」の調整が必要な場合があります。よくあるのは、アセスメントの結果、初めてサービスを導入して1週間後にサービス担当者にモニタリングをした結果、サービスが不足していたり、反対にサービス時間が余ったりといったことです。こうした現象は、利用者の現有能力や家族等の支える力を見誤っていた場合に起こりがちです。しかし、へこむ必要はありません。ベテランのケアマネジャーでもこのようなことはよく起こります。「より正確に状況を把握できてよかった」と考えて、微調整を行いましょう。

各サービス事業所や医療機関などのサービス提供者も、対応能力や連携に対する意識はさまざまです。求めたサービス内容に対応できない（してもらえない）場合もあります。このようなときも「サービス内容」の調整が必要となります。

「サービス内容」のみの調整の場合は、ケアプランをすべて見直す必要はありません。「サービス内容」の変更を利用者や多職種に部分修正したケアプランで伝えるとともに居宅介護支援経過（第5表）にモニタリングの結果のサービス調整として記載しておきましょう。

☞ チェックリストは 52 ページへ

COLUMN
支え、支えられる

　私たちケアマネジャーの仕事、それは利用者の自立を支えることです。信頼関係を少しずつ築きながら、利用者の"思い"を中心に置いて、一生懸命支えます。

　しかし、支援を続けるなかでは時々こんなことが起こります。

利用者「あんた、ちょっと今日は元気ないんとちゃう？」

私「え……、バレてる……（汗）」

利用者「長いつきあいや、わかるわいな。ちょっとこっちおいで、肩もんであげるから」

　肩もみが始まります。「ん〜、力が弱すぎてまったく効かない……」。でも、なぜか気持ちはほっこり。

　人は、「持ちつ持たれつ」の関係が一番心地よく感じます。ずっと支えられる立場、ずっと支える立場でいることは、どちらにとってもつらいもの。それは利用者も、そしてケアマネジャーも同じです。

　上のような経験をすると、支えることが支えられることにつながっていることに気づきます。よくよく考えてみると、「自立」している、すなわち一人で立っ

ている人などこの世にはいないのではないでしょうか。つまり、世にいう「自立」とは、"共に支えあう自立"、すなわち"おたがいさま"なのではないでしょうか。相手がたとえ高齢者でも、障害者でも、幼い子どもでも、関係性のなかでは力は一方向に流れているのではなく、必ず循環しているのです。

　私たちケアマネジャーの責務といわれる「自立支援」のど真ん中にあるのは、まわりの人たちが利用者に「ありがとう!」の声かけができるような"おたがいさま"の役割場面づくり、いいかえれば利用者が持っている力が周囲の人に伝わり、循環するような支援のあり方なのではないでしょうか。

Ⅲ
ケアプラン作成の実際

ケアプラン作成の実際

事例

利用者Aさんは長男の妻と二人暮らしです。長男を事故で失った後は、二人で肩を寄せ合いながら生活してきましたが、さまざまな病気の影響もあり最近は家に閉じこもりがちになり、居間で横になって過ごす時間が増えてきました。時々妄想も見られるようになってきたため、長男の妻が介護保険の要介護認定の申請を行い、新規ケースとしてケアマネジメントがスタートしました。

「加齢とともに徐々に生活機能が衰え始め、初めて介護保険サービスを利用することになった女性」

利用者A氏　女性　85歳　　障害高齢者の日常生活自立度：A1
要介護2　　　　　　　　　　認知症高齢者の日常生活自立度：I

家族構成	長男（逝去）の妻B氏（63歳）と二人暮らし。妻B氏はペースメーカー埋め込み。その他家族なし。
疾患名	変形性膝関節症、アルツハイマー型認知症、喘息性気管支炎、高血圧症、便秘
疾患の状況	高血圧、喘息性気管支炎による発作的な咳。膝関節痛と廃用性症候群による歩行困難。認知機能障害により家庭内でも徐々に支障が出てきている。
かかりつけ医	○○医院（開業医）　C医師　、○○歯科医院（開業医）
服薬	ニバジール（高血圧）、ニポラジン（気管支喘息）、イソパール（気管支喘息）、ケタス（喘息発作予防薬）、アリセプト（ア

	ルツハイマー型認知症薬）、マグミット（便秘薬）
経済状況	A氏：国民年金（50万）、B氏：厚生年金。経済的な問題状況はなし。
インフォーマル	近隣の友人：D氏（85歳）

相談に至った経緯

● A氏

20年前から高血圧と喘息性気管支炎あり。長男を事故で失ったショックと、気管支炎の症状や膝関節痛の悪化により、2年前から家事がしにくくなり、B氏が家事全般を担うようになった。A氏は居間で横になって過ごすことが多くなり、ADLが急激に低下してきた。

● B氏

最近は年をとり介護も大変になってきた。最近のA氏は居間で寝転がって過ごすことが多くなり、言っても動こうとはしてくれない。歩行も不安定になってきたし、入浴も危険を伴うようになってきた。今のままでは寝たきりになると思うし、介護を継続することが不安になってきたため、介護保険サービスを利用したいと考えるようになった。

主訴

● A氏

「Bさんの世話にならないと生活できない。Bさんに迷惑をかけている」「少しでもBさんの役に立ちたいと思うけどできない」「やっかいをかけるけど、ここで生活していきたい」

● B氏

「お義母さんの面倒をみることは私の務めだと思っている。これからもこの家で暮らしていくためには、母の体調が安定し、自分で動くことができることだと思っている」「私も腰が痛く、ペースメーカーを入れているので世話がとてもつらい」「先日薬を間違えたのはひどくショックだった。これからも何とかサービスを使いながらやっていきたいと思っている」

今までの生活

　旧○郡○町に生まれる。終戦の2年後に20歳を迎え、戦後の混乱期も農業をしながら生きてきた。23歳で結婚。24歳のときに長男が生まれるが、その後子どもに恵まれることはなかった。結婚後も夫とともに田畑を耕したり、民宿のアルバイトなどをしながら生計を立てた。ほがらかな性格で、夫や長男にとって優しい妻であり、母であった。B氏にも実の娘のように優しく接してくれたとのこと。老後の楽しみは近所の同年代の友人との家での茶話会や老人クラブ活動であった。趣味は編み物で、子どものセーターや夫のベストなどを楽しみながら編んでいた。

　79歳（6年前）の時に夫をがんで失い、82歳（3年前）で長男を事故で失ったことは大きなショックであった。それまでは、A氏が畑仕事をこなし、B氏が食事などの家事を担うといった生活をしていたが、身内を失った不幸や2年前からの気管支炎の症状や膝関節痛の悪化により、家事を続ける意欲も徐々に低下し活動制限が顕著となる。Bさんは、畑や外出に連れ出したりといった、さまざまな働きかけをしてAさんが寝たきりにならないように努力してきたが、最近のAさんはほとんど動こうとはせずに、居間で横になっていることが多いとのこと。

　旧知の友人のD氏との茶話会を楽しみにしている。D氏は週

に２度ほど、午後２時頃に訪ねてきてくれ、２時間ほど滞在しコーヒーやお茶を飲んで会話を楽しんでいる。Ａ氏はこの時は問題なく座椅子に座っている。

精神機能

時折、「大勢の人が家に出入りする」「獣が家の中に入ってきている」といった妄想がある（頻度は２週間に１回程度で今のところ生活の支障にはなっていない）。このような時は時間や人の認識もできていない様子で、コミュニケーションも難しい。ふだんは物忘れはあるものの、一定の時間の記憶保持は問題がない。日常生活での判断力も十分ある。トイレや居間など家の構造の理解も問題なし。時間については時折混乱する。Ｂ氏、主治医Ｃ氏、長年の友人のＤ氏の認知も問題ない。過去の出来事はしっかりと覚えている。コミュニケーションも問題なし。時折の妄想以外のBPSDはなし。

身体機能・構造

血圧120／75 （服薬継続）、平常体温36.0℃。

体幹・下肢の筋力低下。便秘（下剤服用にて３日に一度）。視力・聴力は問題なし。嚥下は時折むせ込みあり。咀嚼は問題なし。自歯上下で10本程度あり（部分義歯）。褥瘡等の皮膚疾患なし。両膝関節の変形。右小指第一関節から先の欠損（50歳の頃農機具で切断事故）。

活動（基本動作・ADL・IADL）

基本動作は緩慢。寝返り、起き上がりは自分で可能。端座位は安定。何かにつかまりながら立ち上がる（床からの立ち上がりはＢ氏が手を添えながら行っている）。自宅内はつかまり歩行だが

最近は不安定で転倒の危険がある。居間と食堂の間の段差は柱につかまりゆっくりとまたぐことができる。屋外は、段差や坂道は介助、道路は老人車にて自力移動（見守り必要）。

排泄

　廊下の手すりにつかまり歩行にてどうにかトイレに行けている。排尿障害なし。尿・便意はあるが、間に合わなくて失禁する時がある（月に１～２回）。現在は普通の下着を着用。

食事

　居間と食堂は隣り合っており、20センチ程度の段差があるが、柱の手すりにつかまりながら移動。食堂の椅子に座位で箸、スプーンを使用し自力摂取可能。時折水分にむせることがある。食事形態は普通。水分摂取量が少ないため声かけが必要。好き嫌いはまったくないとのこと。寿司が好き。特に散らし寿司が好き。

入浴

　廊下の手すりにつかまり歩行にて浴室に移動。現在はＢ氏の介助で週３回入浴しているが、Ｂ氏よりつらいとの訴えがある。転倒リスクもあり、Ａ氏、Ｂ氏とも浴室内での不安が非常に強い様子。購入済みのシャワーチェアーに座り、手の届く範囲は自分で洗うことができる。頭髪、背中、足先は介助。臀部、陰部は見守り声かけ。浴槽のまたぎ動作は手引き介助（要注意）。Ａ氏はお風呂好き。

更衣

　入浴時の着脱（脱衣室の椅子に座って）、就寝時（ベッド端座位）にパジャマに更衣している。パンツ及びズボンは介助。他は

ゆっくりと自力で可能。衣類の準備は介助。

整容

廊下の手すり（新築時に設置。Ａ氏には10cm程度高いと思われる）につかまり歩行にて洗面所に移動。歯磨き、うがい、洗面は自力で実施。しかし口腔内及び義歯の保清は不十分。

睡眠

ふだんは良好である。２週間に１回程度の頻度で妄想や不穏状態がみられるが、生活の支障になるほどではない。

IADL

調理、掃除、洗濯等の家事は若い頃からＢ氏が主に担っていたが、Ａ氏も手伝っていた。２年ほど前からしなくなっている。

受診

受診・往診の予約から受診同行まで、すべてＢ氏が行っている。受診はタクシーを利用しているとのこと。服薬管理もＢ氏が行うが、以前何度か間違えたことがあり、確認してほしいとのこと。Ｂ氏からも不安の声が聞こえる。袋を手渡しすればＡ氏が自力で服薬している。時折、薬を落とすことがある。

外部との連絡

Ａ氏は電話等の使用はできない。年金の引き出し、預貯金の管理、行政関係の手続き等はすべてＢ氏が代行している。

社会参加（役割）

Ｂ氏との嫁姑の関係以外では、旧知の友人のＤ氏が唯一の話

し相手。週に２回ほど遊びに来てくれ、茶話会を楽しんでいる。B氏に頼り切った生活をしているが、A氏は元気な頃からB氏にとっていい姑であったようで、そのことが現在の良好な関係性につながっており、B氏もA氏をできるだけ在宅で過ごさせてあげたいと考えている。毎朝の夫と長男の仏壇のお参りだけは継続している（亡き夫への妻としての役割、亡き長男への母としての役割）。

住環境

● 危険個所

　玄関前に道路から20センチの段差、玄関に30センチの上がりかまちあり。廊下の手すりがA氏の身長では10cm程度位置が高い、居間と食堂の間に20cmの段差（柱に縦の手すりあり）。トイレ、更衣室、浴室には手すりがあるが再評価すべき。ベッド（10年前に購入したもの）は高さが低く、立ち上がりが難しくなっている。

● その他

　居間と寝室の日当たり、風通しは良好。におい、ほこりもなし。A氏は居間にいると落ち着くとのこと。居間には大きなテレビがあり、横になってよく見ている。

　家の前の道の東30mのところにお地蔵さんがあり、元気な頃は夕方のお参りがてら掃除を日課にしていた。

アセスメント情報を整理する

①心のQOL：Aさん、Bさんの思いや今の自分をどのように感じているか

● A氏

「Bさんの世話にならないと生活できない。Bさんに迷惑をかけている」「少しでもBさんの役に立ちたいと思うけどできない」「やっかいをかけるけど、ここで生活していきたい」

● B氏

「お義母さんの面倒をみることは私の務めだと思っている。これからもこの家で暮らしていくためには、お母さんの体調が安定し、自分で動けるようになることが大切だと思っている。私も腰が痛く、ペースメーカーを入れているので世話がとてもつらい。何とかサービスを使いながらやっていきたいと思っている」

②健康（病気）
・変形性膝関節症、アルツハイマー型老年期認知症、喘息性気管支炎、高血圧症。

③心身の機能と障害
・便秘（下剤服用にて3日に1回）。
・時折、「大勢の人が家に出入りする」「獣が家の中に入ってきている」といった妄想がある（頻度は2週間に1回程度）。今のところ生活の支障にはなっていない。
・体幹及び下肢の筋力低下、両膝関節の変形。

④日常生活活動の問題状況と現有能力
・何かにつかまりながら立ち上がる（床からの立ち上がりは不可）。
・自宅内はつかまり歩行だが、最近は不安定で転倒のリスクも高い。
・水分摂取量が少ないため声かけが必要。
・間に合わなくて月に1～2回失禁する（下肢の筋力低下が原因）。
・手の届く範囲は自分で洗うことができる。頭髪、背中、膝から下は介助。臀部、陰部は見守り声かけ。浴槽のまたぎ動作は手引き介助（要注意）。
・パンツ・ズボンの引き上げは不十分ながら自分でどうにかできている。他はゆっくりと自力で可能。衣類の準備は介助。
・口腔内及び義歯の保清は不十分。
・受診や往診の予約から受診同行まで、すべてB氏の介助で行われている。服薬管理もB氏が行う。袋を手渡しすればA氏が自力で服薬している。時折薬を落とすことがある。

⑤持っている役割、失った役割
・旧知の友人のD氏との茶話会を楽しみにしている。週に2回ほど、午後2時頃に訪ねてきてくれ、2時間ほど滞在しコーヒーやお茶を飲んで会話を楽しんでいる。
・毎朝の夫と長男の仏壇のお参りだけは継続している（亡き夫への妻としての役割、亡き長男への母としての役割）。
・家の前の道の東30mのところにお地蔵さんがあり、元気な頃は夕方のお参りと掃除を日課にしていた。

⑥環境（人的・物的・制度的）上の問題と今に活かせそうな強さ
・Ｂ氏（家族（介護者）：腰痛、ペースメーカー挿入）
・主治医Ｃ氏
・友人のＤ氏
・新しい友人の可能性（デイサービス）
・介護保険サービス
・玄関前に道路から１段段差、玄関に上がりかまち、廊下の手すり（Ａ氏の身長では位置が10cm程度高い）、居間と食堂の間に20cmの段差、トイレ・更衣室・浴室（転倒のリスクあり）、ベッド（10年前に購入したもの。高さが低く、立ち上がりが難しくなっている）
・お地蔵さん

⑦今の生活に活かすことができそうな過去の成功体験や習慣、反対に支援を実施する上で配慮しなければならない体験
・夫と長男に先立たれている。
・調理、掃除、洗濯等の家事は若い頃からＢ氏が主に担っていたが、Ａ氏も手伝っていた。２年ほど前からできなくなっている。
・お地蔵さんのお参りと掃除。２年ほど前からできなくなっている。

⑧信頼関係づくりや、生活の維持・改善に必要な利用者の個性（性格や価値観）
・ほがらかで優しい性格
・編み物が趣味だった。２年ほど前からできなくなっている。

第1表

居宅サービス計画書(1)

作成年月日 ○年 4月 1日
(初回)・紹介・継続   認定済・申請中

利用者名 A 殿   生年月日 ○年 ○月 ○日 (85歳)   住所 ○○県○○市○○町

居宅サービス計画作成者・事業所氏名 J
居宅介護支援事業所及び所在地 ○○○○○○ ○○県○○市○○町
居宅サービス計画作成(変更)日 平成○年4月1日   初回居宅サービス計画作成日 平成○年4月1日
認定日 平成○年3月20日   認定の有効期間 平成○年4月1日 ～ 平成○年9月30日

要介護状態区分	要介護1 ・ (要介護2) ・ 要介護3 ・ 要介護4 ・ 要介護5
利用者及び家族の生活に対する意向	A氏:「Bさんの世話にならないと生活できない。Bさんに迷惑をかけている」「少しでもBさんの役に立ちたいと思うけどできない」「やっかいをかけるけど、ここで生活していきたい」 B氏:「お義母さんの面倒をみることは私の務めなのだと思っている。これからもこの家で暮らしていくためには、体調が安定し、自分で動けるようになることが大切だと思っている」 「私も腰が痛く、ペースメーカーを入れているので世話をするのがとてもつらい。先日薬を間違えたのはどくショックだった。これからも何とかサービスを使いながら介護を続けていきたいと思っている」
介護認定審査会の意見及びサービスの種類の指定	なし
総合的な援助の方針	これからも住み慣れた家で生活できるように。また、少しでも家のために何かしたいという思いを大切にさせていただき、Aさんが無理なくできることを一緒に考えていきましょう。Aさんが少しでも早くサービス担当者や他の利用者と顔見知りになれて、安心してサービスを使っていけるだけこから始めていきたいと考えています。 また、Bさんの体調についても十分配慮させていただきます。困りごとは一緒に解決していきましょう。BさんのAさんへの思いに沿って無理なく介護を続けていけるように考えていきましょう。 緊急連絡先 B氏 090-0000-0000 かかりつけ医 ○○医院 C医師 日中 000-0000-0000 夜間19時以降 090-0000-0000
生活援助中心型の算定理由	1. 一人暮らし 2. 家族等が障害、疾病等 3. その他(　　　)

第２表　　　　　　作成年月日　○　年 4 月 1 日

利用者名　A　殿

生活全般の解決すべき課題（ニーズ）	目標				援助内容					
	長期目標	（期間）	短期目標	（期間）	サービス内容	※1	サービス種別	※2	頻度	（期間）
少しでもBさんの手伝いができるようになりたい。	家事の手伝いをする。	平成○年4月1日～平成○年9月30日	毎食後食卓のふき掃除をする。	平成○年4月1日～平成○年6月30日	毎食後に食卓のふき掃除をしましょう。 毎食後の声かけをお願いします。	 ○	Aさん Bさん デイサービス	 ○○デイサービス	毎食後 2回/週	平成○年4月1日～平成○年6月30日
			洗濯物たたみをする。	平成○年4月1日～平成○年6月30日	夕方に居間で洗濯物たたみをしましょう。 Bさんは、洗濯物を居間に届けてあげてください。		Aさん Bさん		毎日	平成○年4月1日～平成○年6月30日
安心して家の中を歩けるようになりたい。	安心して家の中を歩くことができる。	平成○年4月1日～平成○年9月30日	仏壇のお参りを続ける。	平成○年4月1日～平成○年6月30日	日課としてきた仏壇のお参りをこれからも続けていきましょう。		Aさん Bさん		毎日	平成○年4月1日～平成○年6月30日
			足の力をつける。	平成○年4月1日～平成○年6月30日	訓練プログラムを作成しデイサービスに申し送ります。 訪問リハと連携のもと、個別機能訓練を行います。	○ ○	訪問リハ（PT） デイサービス （機能訓練）	○○訪問リハ ○○デイサービス	1回/2週 2回/週	平成○年4月1日～平成○年6月30日
			危険個所の整備をする。	平成○年4月1日～平成○年4月14日	玄関周囲、廊下、トイレ、浴室の手すり、ベッドの評価を行い、危険個所の住宅改修及び福祉用具を導入します。	○ ○ ○	訪問リハビリ（PT） 住宅改修 福祉用具貸与・購入	○○訪問リハ ○○工務店 ○○福祉用具	至急	平成○年4月1日～平成○年4月14日
以前のようにお地蔵さんのお参りができるようになりたい。	見守ってもらいながら老人車で家の周囲を散歩する。	平成○年4月1日～平成○年9月30日	見守ってもらいながら老人車で家の周囲を散歩する。	平成○年4月1日～平成○年6月30日	現在使用している老人車車が体にあっているかどうか事前に評価します。	○	訪問リハビリ（PT）	○○訪問リハ	至急	平成○年4月1日～平成○年6月30日
					老人車でゆっくりと家の周囲を散歩しましょう。 転倒に注意いたします。	○	訪問リハビリ（PT）	○○訪問リハ	1回/2週	平成○年4月1日～平成○年6月30日
					Bさんの体調が許す時には一緒に散歩しましょう。無理しないようにBさんのペースで行いましょう。		Aさん Bさん		適宜	平成○年4月1日～平成○年6月30日

※１「保険給付の対象となるかどうかの区分」について、保険給付対象内サービスについては○印を付す。
※２「当該サービス提供を行う事業所」について記入する。

第2表

利用者名　A　　　殿

作成年月日　○　年 4 月 1 日

生活全般の解決すべき課題(ニーズ)	目標				援助内容				
	長期目標	(期間)	短期目標	(期間)	サービス内容	※1	サービス種別	※2	頻度	(期間)

生活全般の解決すべき課題(ニーズ)	長期目標	(期間)	短期目標	(期間)	サービス内容	※1	サービス種別	※2	頻度	(期間)
以前のようにお地蔵さんのお参りができるように家の周囲を散歩したい。	見守ってもらいながら老人車で家の周囲を散歩する。	平成○年4月1日～平成○年9月30日	見守ってもらいながら老人車で天気のいい日は施設周囲を散歩しましょう。	平成○年4月1日～平成○年6月30日	同じようなタイプの老人車で室内歩行訓練をしましょう。天気のいい日は施設周囲を散歩しましょう。	○	デイサービス	○○デイサービス	2回/週	平成○年4月1日～平成○年6月30日
病気が悪くならないようにしたい。(喘息発作が出ない)(血圧が安定する)(気持ちよく過ごしたい)	病気が悪くならない。(喘息発作が出ない)(血圧が安定する)(気持ちよく過ごしている)	平成○年4月1日～平成○年9月30日	確実に薬を飲む。	平成○年4月1日～平成○年6月30日	薬の管理はBさんにお願いします。配薬箱にてBさんと一緒に管理をさせていただきます。服薬時に薬が手から落ちることがあるので注意しましょう。	○	Bさんヘルパー Aさん Bさん	○○ヘルパーステーション ○○デイサービス	毎日 1回/週 毎日 2回/週	平成○年4月1日～平成○年6月30日
			食事の内容に気をつける。	平成○年4月1日～平成○年6月30日	食事については塩分を取り過ぎないように気をつけましょう。水分をしっかりと摂りましょう。栄養の管理をさせていただきます。	○	Aさん Bさん デイサービス(栄養ケア)	○○デイサービス	毎日 毎日 2回/週	平成○年4月1日～平成○年6月30日
			定期受診を確実に行う。	平成○年4月1日～平成○年6月30日	定期受診を欠かさずに行いましょう。受診日が決まったら移送サービスの手配をさせていただきます。	○ ○	Bさん ケアマネジャー 移送サービス 医院	○居宅介護支援事業所 ○○高齢者移送サービス	1回/2週 適宜 適宜	平成○年4月1日～平成○年6月30日
気持ちよくお風呂に入りたい。	気持ちよくお風呂に入る。	平成○年4月1日～平成○年9月30日	安心してお風呂に入る。	平成○年4月1日～平成○年6月30日	手の届く範囲は自分で洗いましょう。要介護になるべく自分でしましょう。浴室内の歩行及び洗機のまたぎ見守りします。転倒に注意いたします。	○ ○	Aさん ヘルパー デイサービス	○○ヘルパーステーション ○○デイサービス	1回/週 2回/週	平成○年4月1日～平成○年6月30日

※1「保険給付の対象となるかどうかの区分」について、保険給付対象内サービスについては○印を付す。
※2「当該サービス提供を行う事業所」について記入する。

第2表　　　　　　　　　　　　　　　　　　　　　　　　　　　　　　　　　　作成年月日　○　年　4　月　1　日

利用者名　A　　　　殿

生活全般の解決すべき課題（ニーズ）	目標				援助内容				
	長期目標	（期間）	短期目標	（期間）	サービス内容	※1	サービス種別	※2	頻度	（期間）
口の中をきれいに保ちたい。	口の中を清潔にする。	平成○年4月1日～平成○年9月30日	歯の治療をする。	平成○年4月1日～平成○年4月14日	口の中の状態を歯科医にみてもらいましょう。移送サービスの調整をさせていただきます。		Bさん歯科ケアマネジャー移送サービス	○○歯科医院○○居宅介護支援事業所○○高齢者移送サービス	至急	平成○年4月1日～平成○年4月14日
			歯磨きをしっかりとする。	平成○年4月1日～平成○年6月30日	歯科衛生士に歯磨きの助言をしていただきます。見守りにて歯磨き及び義歯の洗浄を行いましょう。		歯科Aさん Bさんデイサービス（口腔ケア）	○○歯科医院○○デイサービス	至急毎食後昼食後	平成○年4月1日～平成○年6月30日
友人とおしゃべりを楽しみたい。	友人とおしゃべりを楽しむ。	平成○年4月1日～平成○年9月30日	Dさんとの茶話会をこれからも楽しむ。	平成○年4月1日～平成○年6月30日	長い間Dさんとの交流を続けてこられました。これからもこの関係を大切にしていきましょう。		AさんDさん		随時	平成○年4月1日～平成○年6月30日
			新しい友人をつくる。	平成○年4月1日～平成○年6月30日	デイサービスにて新しい友人をつくり、楽しみましょう。職員が会話の橋渡しや座席の配慮をさせていただきます。	○	デイサービス	○○デイサービス	2回/週	平成○年4月1日～平成○年6月30日
得意の編み物をもう一度楽しみたい。	冬に向けてDさんへのマフラーを編む。	平成○年4月1日～平成○年9月30日	編み物にぼつぼつ取り組んでみる。	平成○年4月1日～平成○年6月30日	昔は得意だった編み物に取り組んでみるお手伝いをさせていただきます。無理にならないようにゆっくり取り組んでみましょう。	○	デイサービス	○○デイサービス	2回/週	平成○年4月1日～平成○年6月30日

※1「保険給付の対象となるかどうかの区分」について、保険給付対象サービスについては○印を付す。
※2「当該サービス提供を行う事業所」について記入する。

第1表

利用者及び家族の生活に対する意向

　Aさん、Bさんの今の"思い（心のQOL）"を代表することばをそのまま記載しています。

総合的な援助の方針

　AさんとBさんの意向に沿って望む暮らしを明確に文章化し、それに対する総合的な援助の方針を記載しています。文章はAさん、Bさんに対して共感的、支持的に、やわらかく語りかけるような表現を心がけています。

第2表

● ニーズ①

「少しでもBさんの手伝いができるようになりたい」

　Aさんの意向を尊重し、最優先されるべきニーズとして取り上げています。初回プランなので、認定有効期間が6か月となっています。「長期目標」は「家事の手伝いをする」としていますが、初回プランであり、Aさんの意欲がどの程度向上するのかが予測しにくいので、あえてざっくりとした大きなくくりで表現しています。「短期目標」では、「毎食後の食卓のふき掃除をする」「洗濯物たたみをする」と、具体的に2つの目標設定をしました。ふき掃除については、家でのAさんとBさんの自助、互助としての取り組みとしています。「サービス種別」には、その意図を明確にするために「Aさん」「Bさん」と記載しています。また、デイサービス利用時にも、机のふき掃除を役割としていただくことにしたので、「サービス種別」に「デイサービス」と記載しています。「洗濯物たたみをする」についても、Aさんに役割の認識をしていただくために、「サービス種別」に「Aさん」「Bさん」と記載し、毎日の取り組みとしています。Aさんが実際にことば

で発したニーズをもとに導きだしています。

● **サービス内容**

　自助、互助を中心に組み立て、Aさん、Bさんにこれから何をしていくかをわかりやすく伝えています。ふき掃除についてはAさんにデイサービス利用時にも取り組んでもらうようにしています。ふき掃除や洗濯物たたみを「している役割」に高める目的があり、役割体験を通して自尊心を高める意味もあります。役割を担ってもらうことを通して「ありがとう」と声をかけさせていただく"ありがとうの場面づくり"です。

● **ニーズ②**

「安心して家の中を歩けるようになりたい」

　「安心して家の中を歩くことができる」ことを2番目のニーズとした理由は、Aさんの「Bさんに迷惑をかけている」「少しでもBさんの役に立ちたい」という思いに加え、Bさんの「これからもこの家で暮らしていくためには、義母の体調が安定し、自分で動けるようになること」との思いを訴えています。この両者の思いを少しずつ達成していくには、まず家の中での歩行が安定することが重要だと考えました。「長期目標」は、「安心して家の中を歩くことができる」としました。「短期目標」は3つに分け、「仏壇のお参りを続ける」＝「役割づくり」、「足の力をつける」＝「身体機能の改善」、「危険箇所の整備をする」＝「環境改善」の3つの目標が達成されれば「安心して家の中を歩くことができる」ことになります。

● **サービス内容**

　仏壇のお参りという日課（役割）が日々の歩行につながり、下肢の筋力を改善するという考え方です。Aさんにとっては亡き夫と長男に対する大切な役割です。Aさんの日常をしっかりと承認

することで自尊心を高める目的も含まれています。

　同時に理学療法士に歩行訓練プログラムを作成してもらい、デイサービス利用時にも在宅と同様の場面設定のもとでの訓練実施を依頼しています。膝関節の変形と痛みがあるので、無理して痛みが悪化しないように注意を促しています。

　３つ目の「短期目標」の「危険個所の整備をする」については、家の内外の段差や、Ａさんの体に合っていない廊下、トイレ、浴室の手すりやベッドの高さなどを理学療法士に評価してもらい、住宅改修や福祉用具の導入を目標としています。至急の対応が必要なため、２週間以内に改善することを目標としています。

● ニーズ③
「以前のようにお地蔵さんのお参りができるようになりたい」

　Ａさんは、長年近くのお地蔵さんにお参りし掃除をするという習慣を続けてきました。地域住民としての役割を果たしてきたのです。この役割ができなくなったのは２年ほど前からでした。生活史を聞かせていただくなかで、Ａさんの信仰心と地域住民としての強さを感じ、この役割を再び取り戻すことができないかと考えました。

　しかし、この役割を果たせなくなってからすでに２年が経過しているため、６か月後にお地蔵さんにお参りできるようになるという目標設定には無理があると感じました。そこで「見守ってもらいながら老人車で家の周囲を散歩する」をゴールとしました。

　短期目標も同様の設定とし、６か月間で家の周囲の散歩が安定的にできることを目指しています。

● **サービス内容**

　担当は理学療法士です。老人車は数年前に購入したもので、Ａさんの身体に合っているかどうかを事前評価することと、家の周

囲の散歩をすることで下肢筋力の強化と家の周囲という環境を活用した実用歩行（生活のなかで実際にしている歩行）の安定を目標にしています。

　また、BさんにもAさんの散歩につきあっていただくようにお願いしました。ただし、Aさんには転倒リスクもあり、Bさんは高齢になりつつある女性なので、あくまでも無理のない範囲で散歩にかかわってもらうようにしています。

　さらに、デイサービス利用中にも同じような老人車を使用し、機能訓練時や入浴、トイレの移動時には実用歩行訓練として取り入れています。

　このニーズは、Bさんから教えてもらったAさんの生活史から、"Aさんの強さ"と考え、かつて担っていた役割の回復を目標としました。

● ニーズ④
「病気が悪くならないようにしたい」

　Aさんには複数の疾患があるので、Aさん自身にもわかりやすいように、「長期目標」では「病気」という表現にまとめています。「短期目標」では具体的目標を3つ示しています。Aさん、Bさんにもわかりやすい具体的な活動で目標の設定をしています。

● **サービス内容**

　一つ目の「確実に薬を飲む」については、Aさんが服薬時に薬を落とすことがあること、Bさん自身が服薬管理が難しいと訴えている、というアセスメント結果に基づき、服薬管理は基本的にBさんにお願いしながら、訪問介護が配薬箱にてフォローしていくことにしました。さらに、デイサービス利用中の服薬に注意を促しています。

　次の「食事の内容に気をつける」については、塩分と水分の摂

取について、Aさん、Bさんに注意を促すとともに、デイサービスに栄養ケアマネジメントを依頼しています。

　最後の「定期受診を確実に行う」については、タクシー利用で受診をしていたため、より低料金の高齢者専用の移送サービスの調整を行うことにしました。

● ニーズ⑤
「気持ちよくお風呂に入りたい」
「長期目標」は「気持ちよくお風呂に入る」とし、「短期目標」は「安心してお風呂に入る」としました。人にとって入浴の持つ意味は、保清だけでなく、一人の時間を楽しんだり、一日の振り返りの場であったりさまざまです。お風呂好きのAさんなので、長期的には「入浴を楽しむ」ことを目標にしました。しかし現状では転倒リスクを抱え、不安感のほうが先にたち入浴を楽しむどころの状況にはない様子です。このような状況を考慮し、「短期目標」では安心を最優先することにしました。

● **サービス内容**
　体を洗うことや浴室内の歩行、浴槽のまたぎ、更衣については現有能力を活かすアプローチを盛り込んでいます。入浴にかかわるサービス担当者はデイサービスと訪問介護ですが、Aさんにも自助を促しています。気持ちよくお風呂に入るためには、入浴動作の安定が必要です。特に危険な浴槽のまたぎ動作を中心に、PTに入浴にかかる複合動作の評価と筋力・バランス力向上のためのプログラムを作成してもらい、デイサービスの機能訓練時とデイサービス、訪問介護の入浴介助に活かしてもらうためのメニューとして申し送りします。

● ニーズ⑥
「口の中をきれいに保ちたい」
「長期目標」では口腔の保清をそのまま目的としています。「短期目標」では、より具体的に歯科治療と習慣的な口腔内の保清を目標としています。
● サービス内容
　短期目標「歯の治療をする」については至急の対応とし、２週間以内での歯科医院通院を目標としています。もう一つの「歯磨きをしっかりとする」については、歯科衛生士を活用するとともに、Ａさんが確実な歯磨きや義歯の保清を習慣化することを支援しながら、デイサービスにも在宅時と同じような環境で歯磨きや義歯洗浄等のセルフケアの支援（口腔機能訓練）を求めています。この口腔ケアについては、Ａさん、Ｂさんの問題意識があまりなく、ケアマネジャーの働きかけを二人に理解してもらう形で「合意されたニーズ」として取り上げられたもので、ケアマネジャーの規範的ニーズを基本としています。

● ニーズ⑦
「友人とおしゃべりを楽しみたい」
　Ａさんにとって、Ｂさん以外で唯一交流があるのがＤさんです。ＤさんはＡさんも含めたご近所の友人グループの一人でしたが、今ではＡさんとＤさんのお二人しか残っていません。ニーズとして取り上げることで、Ｄさんとの長年のおつきあいを素晴らしいものとして承認し、"Ｄさんと長年の友人関係を続けてきた素敵なＡさん"というメッセージを含んでいます。Ａさんを素晴らしい存在として承認することで自尊心を高める取り組みです。
　また、「友人」には「新しい交友関係」をつくる意味も含ませています。「長期目標」の「友人とおしゃべりを楽しむ」に対し、

「短期目標」は「Dさんとの茶話会をこれからも楽しむ」のほかに「新しい友人をつくる」としています。

● **サービス内容**

短期目標「Dさんとの茶話会をこれからも楽しむ」については、Aさん、Dさんの互助をサービス内容に盛り込んで、Aさんの"心のQOL"を高めると思われるこの友人関係（友人としての役割）を続けていきましょうとのメッセージを込めています。

短期目標「新しい友人をつくる」は、新しい交友関係をつくることをデイサービス利用中の一つの取り組みとして理解してもらい、スタッフには友人作りの場のセッティングを依頼しています。

● **ニーズ⑧**

「得意の編み物をもう一度楽しみたい」

Aさんがあれほど得意だった編み物にも手をつけなくなったことはBさんも気にしていましたが、Bさん自身も忙しく、そこまで手を回すことはできなかったようです。そこで、この編み物を再開できないかと考えました。「長期目標」では「冬に向けてBさんのマフラーを編む」としました。単に過去の趣味活動を取り戻すのではなく、Bさんのマフラーを編むことを目的にすることで、一方的に支援されるだけのAさんではなく、Bさんに喜んでもらえるAさんでいられることを目標としています。"お互い様（互恵性）"の活用です。

「短期目標」では、いきなりマフラー編みに挑戦するのではなく、少しトーンを落とし、「編み物にぼつぼつ取り組んでみる」としています。編み物は"（今はしていないけどやろうと思ったら）できる活動"の可能性を含んでいます。それを"している活動"に回復できないかという狙いです。

● **サービス内容**

　短期目標「編み物にぼつぼつ取り組んでみる」では、スタッフに焦らずゆっくりと様子を見ながら促してもらうよう依頼しています。編み物をあきらめていたお二人に、ケアマネジャーが働きかけてニーズとして位置づけています（ケアマネジャーの規範的ニーズを基本）。

ステップアップのために知っておこう！
"尊厳を守るために代替されたニーズ"

　実は、このＡさんの事例には、表に出されていない大切なニーズがまだ３つあります。

● **認知症に関するニーズ**

　一つは、Ａさんがアルツハイマー型老年期認知症であり、記憶障害や妄想があるということです。一定の時間の記憶保持はできていますが、今後悪化の可能性もあると思われます。しかし現状では生活に大きな支障はありません。

　Ａさんにはケアプランを理解する力が残っています。ケアマネジャーとしてもＡさんにプランを説明し、ケアの方向性を少しでも理解してほしいと考えていますが、認知症についての説明をすることがＡさんの利益になるとは思えません。Ｂさんにも相談しましたが、「認知症の改善」をニーズとして記載することに抵抗がありました。

　ケアプランに認知症の文字はありませんが、実は認知症の改善の取り組み自体をプランからなくしたわけではありません。「解決すべき課題（ニーズ）」では、「お地蔵さんのお参り」や「友人とのおしゃべり」「編み物の再開」などが役割づくりとしてあげられています。これらのニーズは、役割づくりを通して活動性を高めるとともに、Ａさんの自尊心を取り戻す（心のQOLを高め

る）ことを目標としています。活動性の改善や自尊心を取り戻すことは、最終的には心身機能の改善につながりますから、認知症をニーズとして掲げなくても、認知症改善の取り組み自体はなされていることになります。

● 排泄に関するニーズ

2つ目は「時折失禁することがある」という問題状況です。尿・便意には問題がなく、間に合わなくて月に1～2回失禁することがわかっています。要因は廃用性による下肢筋力の低下です。排泄にかかわる問題は自尊心を大きく低下させるので、ニーズ表現等については注意が必要です。Aさんの場合は、失禁の頻度が低く、今のところ大きな生活の支障にはなっていないので、ニーズとして取り上げていません。このニーズについても「安心して家の中を歩けるようになりたい」という2番目のニーズで代替しています。つまり、安心して歩けるようになれば失禁も減るという結果につながるのです。今後失禁がQOLに大きな影響を与えるようになれば、「安心してトイレに行きたい」といったニーズとして取り上げる必要も出てくるでしょう。

● 介護者負担のニーズ

3つ目は介護者のBさんが腰痛と心疾患を抱えているという介護者のニーズです。一つの手段として「Bさんを少し休ませてあげたい」といった形でニーズとして取り上げる方法もありますが、Aさんは「Bさんに迷惑をかけている」と言っておられます。このようなAさんの思いに配慮し、介護負担をニーズとして取り上げることを控えました。しかし、この「Bさんの介護負担」というニーズも他のニーズで代替されています。訪問リハを導入することにより心身機能が改善して基本動作がスムーズに行われ

るようになったり、デイサービスやホームヘルプが入浴や口腔ケアに携わることは、イコールBさんの介護負担を軽減することになります。

　以上の3つのニーズは、いずれもAさんの尊厳を尊重するために、他のニーズに含めて"あえて見えなくしている"のです。これらのニーズを明確にすると、Aさんの自尊心を大きく傷つける可能性がありました。Bさんと相談した結果、"見えなくしたほうがAさんの利益になる"と判断しました。このようなニーズについては居宅介護支援経過（第5表）に記載しておくとともに、サービス担当者会議などで介護者や多職種と共有しておきましょう。
　このような考え方は、はじめてケアマネジャーをする方には難しいかもしれません。事実を事実として突きつけることが、時には利用者にとって不利益になることがあります。別のニーズで代替する方法があり、このようなケアプランの立て方があることも理解しておきましょう。

●著者について

中野　穣（なかの・じょう）

兵庫県養父市にある社会福祉法人関寿会「はちぶせの里」（特別養護老人ホーム）施設長。

大学卒業後、銀行員生活の後、福祉の世界に入る。特養ケアワーカー、特養生活相談員、養父市在宅介護支援センター長を経て現職。

社会福祉学修士、社会福祉士、精神保健福祉士、介護福祉士、介護支援専門員。

ケアプランに関する国内外の文献を渉猟し、一定の知識と経験があれば「自立支援型ケアプラン」を作ることができる方法論を構築。兵庫県内を中心に多くの研修会で講師を務める。

ケアマネ1年生
はじめてのケアプラン

2013年 9 月15日	初版第 1 刷発行
2016年12月10日	初版第 3 刷発行

著　者……中野　穣
発行者……荘村明彦
発行所……中央法規出版株式会社
　〒110-0016　東京都台東区台東 3-29-1　中央法規ビル
　営　　業　ＴＥＬ 03-3834-5817　ＦＡＸ 03-3837-8037
　書店窓口　ＴＥＬ 03-3834-5815　ＦＡＸ 03-3837-8035
　編　　集　ＴＥＬ 03-3834-5812　ＦＡＸ 03-3837-8032
　http://www.chuohoki.co.jp/
装幀……二ノ宮 匡（TYPE FACE）
本文デザイン・ＤＴＰ……二ノ宮 匡（TYPE FACE）
印刷・製本……三松堂株式会社

ISBN978-4-8058-3900-3
定価はカバーに表示してあります。
落丁本・乱丁本はお取り替え致します。
本書のコピー、スキャン、デジタル化等の無断複製は、著作権法上での例外を除き禁じられています。また、本書を代行業者等の第三者に依頼してコピー、スキャン、デジタル化することは、たとえ個人や家庭内での利用であっても著作権法違反です。